FISCALITÉ POUR NON-SPÉCIALISTES

Bernard Plagnet

100 % PRATIQUE ENTREPRISE

FISCALITÉ POUR NON-SPÉCIALISTES

- √ Calculer les impôts dus par l'entreprise
- √ Bien gérer ses bénéfices
- √ Faire le lien avec la comptabilité
- √ Évaluer les charges en cas de transmissions d'entreprises

DUNOD

ISBN 978-2-10-058919-7

Table des matières

Mode d'emploi

Se poser les bonnes questions : quoi de mieux qu'une situation concrète pour bien débuter !

2
L'imposition du résultat d'une entreprise

Se poser les bonnes questions

Les règles de calcul du résultat imposable sont largement comparables entre l'impôt sur le revenu (catégorie des bénéfices industriels et commerciaux) et l'impôt sur les sociétés. Mais il existe tout de même quelques particularités que l'on signalera dans les développements.

Pour calculer le résultat imposable, il faut partir du résultat figurant dans la comptabilité, puis effectuer les modifications exigées par la loi fiscale.

- Quels sont les liens entre la fiscalité et la comptabilité ?
- Quelles sont les modalités pratiques de la détermination du résultat imposable ?
- Quelles sont les règles de calcul de l'impôt ?
- Quelles sont les particularités applicables aux petites entreprises ?
- Quel est le régime fiscal des activités internationales ?
- Quelles sont les obligations déclaratives des sociétés ?

Les liens avec la comptabilité

La comptabilité est le fil conducteur du calcul du résultat, d'abord pour définir ce résultat puis pour préciser la période d'imposition.

Savoir : un encadré technique pour renforcer vos compétences.

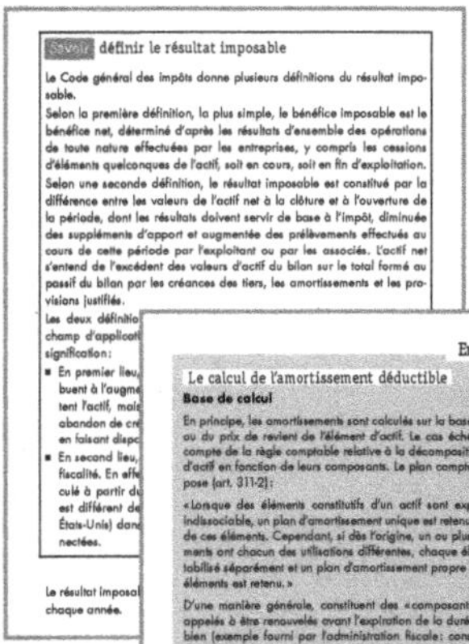
Savoir définir le résultat imposable

Le Code général des impôts donne plusieurs définitions du résultat imposable.

Selon la première définition, la plus simple, le bénéfice imposable est le bénéfice net, déterminé d'après les résultats d'ensemble des opérations de toute nature effectuées par les entreprises, y compris les cessions d'éléments quelconques de l'actif, soit en cours, soit en fin d'exploitation.

Selon une seconde définition, le résultat imposable est constitué par la différence entre les valeurs de l'actif net à la clôture et à l'ouverture de la période, dont les résultats doivent servir de base à l'impôt, diminuée des suppléments d'apport et augmentée des prélèvements effectués au cours de cette période par l'exploitant ou par les associés. L'actif net s'entend de l'excédent des valeurs d'actif du bilan sur le total formé au passif du bilan par les créances des tiers, les amortissements et les provisions justifiés.

Les deux définitio… champ d'applicat… signification :

- En premier lieu, … buent à l'augme… tent l'actif, mais … abandon de cré… en faisant dispa…
- En second lieu, … fiscalité. En eff… culé à partir du … est différent de … États-Unis) dans … nectées.

Le résultat imposa… chaque année.

En pratique : des sujets de terrain pour que vous soyez plus efficace.

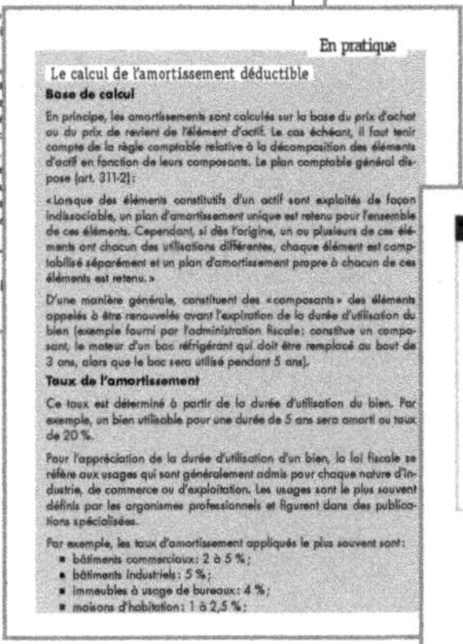
En pratique

Le calcul de l'amortissement déductible

Base de calcul

En principe, les amortissements sont calculés sur la base du prix d'achat ou du prix de revient de l'élément d'actif. Le cas échéant, il faut tenir compte de la règle comptable relative à la décomposition des éléments d'actif en fonction de leurs composants. Le plan comptable général dispose (art. 311-2) :

« Lorsque des éléments constitutifs d'un actif sont exploités de façon indissociable, un plan d'amortissement unique est retenu pour l'ensemble de ces éléments. Cependant, si dès l'origine, un ou plusieurs de ces éléments ont chacun des utilisations différentes, chaque élément est comptabilisé séparément et un plan d'amortissement propre à chacun de ces éléments est retenu. »

D'une manière générale, constituent des « composants » des éléments appelés à être renouvelés avant l'expiration de la durée d'utilisation du bien (exemple fourni par l'administration fiscale : constitue un composant, le moteur d'un bac réfrigérant qui doit être remplacé au bout de 3 ans, alors que le bac sera utilisé pendant 5 ans).

Taux de l'amortissement

Ce taux est déterminé à partir de la durée d'utilisation du bien. Par exemple, un bien utilisable pour une durée de 5 ans sera amorti au taux de 20 %.

Pour l'appréciation de la durée d'utilisation d'un bien, la loi fiscale se réfère aux usages qui sont généralement admis pour chaque nature d'industrie, de commerce ou d'exploitation. Les usages sont le plus souvent définis par les organismes professionnels et figurent dans des publications spécialisées.

Par exemple, les taux d'amortissement appliqués le plus souvent sont :

- bâtiments commerciaux : 2 à 5 % ;
- bâtiments industriels : 5 % ;
- immeubles à usage de bureaux : 4 % ;
- maisons d'habitation : 1 à 2,5 % ;

Faites le point : en un clin d'œil, la synthèse du chapitre.

Faites le point

- Le résultat imposable est calculé à partir du résultat comptable. Celui-ci est affecté de correctifs, en plus ou en moins, afin de parvenir à la base de calcul de l'impôt.
- Il faut examiner les différents postes de produits et de charges afin de déterminer les modalités d'application de la loi fiscale.
- Ensuite, le résultat comptable est modifié en procédant à des réintégrations et à des déductions.
- L'impôt est calculé en multipliant le taux par la base d'imposition, en déduisant, le cas échéant, des crédits d'impôt.
- Des assouplissements sont prévus pour le calcul du résultat imposable des petites entreprises.
- Des règles particulières sont prévues pour l'imposition des résultats issus des activités internationales. La loi française prévoit l'application du principe de territorialité, c'est-à-dire en limitant l'imposition aux activités effectuées dans des entreprises exploitées en France. Des mesures particulières sont prévues pour lutter contre la fraude et l'évasion fiscales internationales.

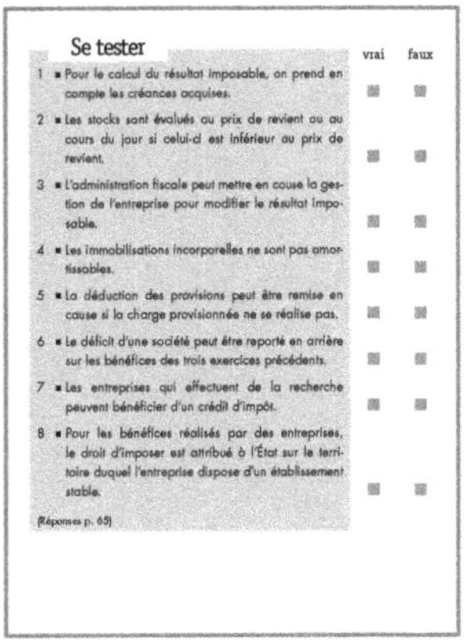
Se tester

		vrai	faux
1	Pour le calcul du résultat imposable, on prend en compte les créances acquises.		
2	Les stocks sont évalués au prix de revient ou au cours du jour si celui-ci est inférieur au prix de revient.		
3	L'administration fiscale peut mettre en cause la gestion de l'entreprise pour modifier le résultat imposable.		
4	Les immobilisations incorporelles ne sont pas amortissables.		
5	La déduction des provisions peut être remise en cause si la charge provisionnée ne se réalise pas.		
6	Le déficit d'une société peut être reporté en arrière sur les bénéfices des trois exercices précédents.		
7	Les entreprises qui effectuent de la recherche peuvent bénéficier d'un crédit d'impôt.		
8	Pour les bénéfices réalisés par des entreprises, le droit d'imposer est attribué à l'État sur le territoire duquel l'entreprise dispose d'un établissement stable.		

(Réponses p. 65)

Se tester : avez-vous tout retenu ? Vérifiez que vos connaissances sont acquises.

À VOUS DE JOUER

Le dirigeant d'une société prend sa retraite et la société décide de lui racheter ses parts. La société est non cotée et la valeur des parts ne peut donc être déterminée à partir d'une cotation.

Le dirigeant vous demande de lui préciser si cette opération peut présenter des risques sur le plan fiscal.

Nos conseils

Le risque est que l'opération soit considérée comme une distribution officieuse pour le dirigeant. En effet, compte tenu des liens entre le dirigeant et la société, l'intention libérale est présumée.

Pour éviter que le prix ne s'écarte de manière significative de la valeur réelle, il est conseillé de faire valider l'évaluation par un expert. Dans cette hypothèse, la jurisprudence a généralement considéré qu'il n'existait pas de distribution officieuse.

À vous de jouer : saurez-vous dénouer une situation réelle ? Les conseils de l'auteur vous y aideront.

Introduction

Présentation générale du système fiscal français

Notre système fiscal est constitué de différentes catégories d'impôts car, comme le dit le vieil adage, « Impôt unique, impôt inique ».

Plusieurs séries de distinctions doivent être faites et leur recoupement permet d'avoir une vue d'ensemble du système fiscal.

Impôts directs et impôts indirects

Les **impôts directs** frappent une matière imposable qui est normalement destinée à se renouveler, essentiellement le revenu ou le bénéfice. L'État perçoit deux grandes catégories d'impôts directs : l'impôt sur le revenu (IR) – sur le revenu des personnes physiques – et l'impôt sur les sociétés (IS) – sur le bénéfice des sociétés.

Les **impôts indirects** frappent la dépense. Ils sont calculés, en principe, sur les prix des produits ou des services. L'impôt est qualifié d'indirect car il est acquitté par l'entreprise (le vendeur ou le prestataire de services), mais son « poids » est supporté par le consommateur, car le montant de l'impôt vient s'ajouter au prix du produit ou du service. Le principal impôt indirect perçu par l'État est la taxe sur la valeur ajoutée (TVA).

Impôts d'État et impôts locaux

Les impôts sont perçus soit par l'État, soit par les collectivités territoriales.

Les collectivités territoriales perçoivent des impôts directs. Certains concernent les ménages : les taxes foncières (applicables aux propriétaires d'immeubles), la taxe d'habitation (applicable aux occupants de logements) ; d'autres sont payés par les entreprises : il s'agit essentiellement de la contribution économique territoriale.

Les collectivités territoriales peuvent également percevoir des impôts indirects (par exemple, la taxe sur les réunions sportives perçue par les communes).

Mais la distinction entre les impôts d'État et les impôts locaux est parfois plus subtile ! En effet, diverses lois ont prévu des transferts de compétences au profit des collectivités territoriales (lois de décentralisation). Pour compenser financièrement ces transferts, les lois ont également prévu qu'une fraction du produit de certains impôts d'État soit transférée aux collectivités territoriales.

C'est ainsi qu'une partie du produit de la taxe intérieure sur les produits pétroliers (appelée dorénavant la taxe intérieure de consommation des produits énergétiques : TICPE) a été transférée, à partir du 1er janvier 2005, aux régions et aux départements. Les départements reçoivent, en outre, le produit de la taxe spéciale sur les conventions d'assurance.

Impôts sur le patrimoine

Ils comprennent des impôts :

- sur la détention du patrimoine, perçus par les collectivités territoriales (par exemple, les taxes foncières, voir ci-dessus) et par l'État (l'impôt de solidarité sur la fortune, ISF) ;
- les plus-values réalisées lors des cessions ;
- les droits de mutation (à titre gratuit ou à titre onéreux) perçus lors de la transmission d'un patrimoine (certains de ces impôts sont perçus au profit des collectivités territoriales, notamment les droits de mutation à titre onéreux).

Impôts et cotisations sociales

Les cotisations sociales sont des prélèvements obligatoires, au même titre que les impôts, mais elles ne sont pas soumises au même régime juridique. On trouve notamment les cotisations maladie, vieillesse, famille, accident du travail, calculées essentiellement sur les revenus du travail.

Mais une fraction du produit de certains impôts d'État est transférée pour le financement de la protection sociale ; par exemple, une fraction du produit de la TVA (comme la taxe concernant les tabacs et les boissons alcoolisées).

Il existe également des prélèvements quelque peu hybrides, la contribution sociale généralisée et divers prélèvements sociaux. Il s'agit de prélèvements de nature fiscale, mais qui sont affectés au financement de dépenses sociales :

- La contribution sociale généralisée (CSG) qui frappe l'ensemble des revenus. Elle se subdivise en trois impositions :
  - > les revenus d'activité et de remplacement (les pensions de retraite) ;
  - > les revenus du patrimoine ;
  - > les produits de placement.

La CSG est partiellement déductible du revenu imposable à l'impôt sur le revenu.

- La contribution pour le remboursement de la dette sociale (CRDS) : son produit, comme son nom l'indique, est affecté au remboursement de la dette sociale (son taux est de 0,5 %).
- Plusieurs prélèvements sociaux ont été créés au fil des années, notamment sur les revenus du capital et les produits de placement (le taux global des prélèvements sociaux comprenant la CSG, la CRDS, le prélèvement social et ses contributions additionnelles a été porté à 15,5 % en 2012).

Répartition des prélèvements obligatoires en France

Les impositions directes représentent environ 28 % des prélèvements obligatoires et les impositions indirectes environ 35 %. Il faut y ajouter le poids très important des cotisations sociales (environ 37 %).

Comparaisons internationales

Pour faire des comparaisons internationales, il faut prendre en compte l'ensemble des prélèvements obligatoires, c'est-à-dire les impôts et les cotisations sociales, et calculer le pourcentage de ces prélèvements par rapport au PIB du pays.

On peut tirer quelques conclusions des chiffres publiés par les institutions européennes :

1. On peut distinguer trois grandes catégories de pays, en fonction de leurs taux de prélèvements obligatoires :

- Les pays dont le taux dépasse 40 % : il s'agit notamment des pays nordiques, tels que la Suède (taux de 46,9 % en 2009), mais aussi la France (41,6 % en 2009).
- Les pays « intermédiaires » dont le taux est compris entre 30 % et 40 % : la majorité des pays européens se situent dans cette catégorie ; par exemple, l'Allemagne (39,7 % en 2009) ou le Royaume-Uni (34,9 % en 2009).
- Les pays dont le taux est inférieur à 30 % : par exemple, le Japon ou les États-Unis, avec un taux d'environ 26 %.

La moyenne de l'UE des 27 membres était de 38,4 % en 2009.

2. On peut constater, sur une longue période, que les pays ne changent pas de « catégorie » : les taux de prélèvements connaissent des variations d'ampleur relativement limitée. Par exemple, en France, le taux était de 42,7 % en 1995 et il est de 41,6 % en 2009. Cette relative stabilité s'explique par le taux des prélèvements obligatoires qui est révélateur d'un choix de société. On peut souligner l'importance de la solidarité dans les pays européens, et notamment en France.

Dans cet ouvrage, nous étudierons uniquement les impôts qui frappent les entreprises, leurs bénéfices, leur chiffre d'affaires, ainsi que les moyens de production.

1 Les différentes formes d'entreprises et leur régime fiscal

Se poser les bonnes questions

Le résultat de l'entreprise peut être soumis à l'impôt sur le revenu ou l'impôt sur les sociétés.

L'impôt sur le revenu s'applique aux entreprises individuelles qui sont, la plupart du temps, des petites entreprises. Quant aux sociétés, en principe, l'impôt sur le revenu s'applique aux sociétés de personnes et l'impôt sur les sociétés aux sociétés de capitaux.

- Quelle forme d'entreprise adopter : entreprise individuelle ou société ?
- Quelle forme de société adopter : société de personnes ou sociétés de capitaux ?
- Quelles sont les données du choix entre l'application de l'impôt sur le revenu et de l'impôt sur les sociétés ?

L'entreprise individuelle

Il s'agit de la forme la plus simple, adaptée aux petites entreprises (75 % d'entre elles n'emploient aucun salarié). Elles représentent environ 75 % des entreprises françaises, en raison du succès du dispositif de l'auto-entrepreneur (voir ci-dessous).

Les résultats de l'entreprise individuelle sont imposables à l'impôt sur le revenu, ils sont déterminés à partir de sa comptabilité. Un bilan sur lequel sont inscrits les biens et les dettes professionnelles doit donc être dressé.

Les résultats sont rattachés à une catégorie de l'impôt sur le revenu, déterminée en fonction de la nature de l'activité de l'entreprise. Par exemple, les résultats d'une entreprise ayant une activité industrielle ou commerciale sont rattachés à la catégorie des bénéfices industriels et commerciaux (BIC), les résultats d'une activité non commerciale à la catégorie des bénéfices non commerciaux (BNC), les résultats d'une activité agricole à la catégorie des bénéfices agricoles (BA).

Ils sont ensuite ajoutés aux autres revenus du foyer fiscal.

L'entrepreneur individuel à responsabilité limitée (EIRL) et l'entreprise unipersonnelle à responsabilité limitée (EURL)

Le problème essentiel posé par l'entreprise individuelle est, en matière juridique, le principe de l'unité du patrimoine. En droit français, il n'existe pas de distinction entre le patrimoine personnel et le patrimoine professionnel et, selon les règles prévues par le Code civil, l'ensemble du patrimoine répond de l'ensemble des dettes.

La loi a donc créé le régime de l'EIRL, qui permet d'assurer cette distinction. Dans ce régime, le patrimoine professionnel est distinct du patrimoine personnel, sans qu'il y ait néanmoins création d'une personne morale (c'est-à-dire d'une société).

L'entrepreneur doit constituer un patrimoine professionnel composé des biens affectés à l'activité professionnelle. La constitution du patrimoine affecté résulte, dans la majorité des cas, du dépôt d'une déclaration au registre de publicité légale auquel l'entrepreneur individuel est tenu de s'immatriculer ; par exemple le registre du commerce et des sociétés pour les commerçants ou le répertoire des métiers pour les artisans.

Sur le plan fiscal, les EIRL sont en principe traitées comme toutes les entreprises individuelles. Mais elles peuvent opter, de manière irrévocable, pour leur assujettissement à l'impôt sur les sociétés.

En pratique

La distinction entre l'EIRL et l'EURL

L'EIRL doit être distinguée de l'entreprise unipersonnelle à responsabilité limitée (EURL), qui est une société.

L'EURL est en fait une SARL, mais elle comporte un seul associé. Cet associé unique peut être une personne physique (ce qui permet de séparer les patrimoines, comme vu ci-dessus) ou une société de capitaux (ce qui permet de réaliser un certain nombre de montages, voir chapitre 3).

Cette forme de société connaît un succès limité : seules 6,2 % des entreprises sont des EURL.

Leur régime fiscal est le suivant :

- Si l'associé est une personne physique, il est soumis à l'impôt sur le revenu, mais il peut opter pour l'impôt sur les sociétés.
- Si l'associé est une société, il est obligatoirement soumis à l'impôt sur les sociétés.

Les auto-entrepreneurs

Ce régime est ouvert aux exploitants individuels qui remplissent certaines conditions :

- Ils sont soumis au régime des micro-entreprises, c'est-à-dire que leurs recettes doivent être inférieures à certaines limites (pour 2012, 81 500 € pour les activités de ventes de marchandises ; 32 600 € pour les prestations de services).
- Les revenus du foyer fiscal doivent être inférieurs à la limite supérieure de la troisième tranche du barème de l'impôt sur le revenu.
- Ils doivent avoir opté pour le régime du micro-social pour leurs prélèvements sociaux.

L'intérêt essentiel de ce régime est que l'auto-entrepreneur s'acquitte auprès d'un seul interlocuteur (notamment l'Urssaf) de l'impôt sur le revenu et de l'ensemble des cotisations et contributions de sécurité sociale, par des versements libératoires mensuels ou trimestriels égaux à un pourcentage du chiffre d'affaires ou des recettes réalisées au cours de la période considérée. Ainsi, l'intéressé ne fait pas l'avance des paiements puisqu'il paie en fonction du chiffre d'affaires réalisé.

En pratique

Le schéma de calcul de l'impôt sur le revenu

Le calcul du revenu imposable passe par les étapes suivantes :

- Calcul du revenu net de chacune des catégories de revenus perçus par les membres du foyer fiscal.
- Compensation des résultats bénéficiaires et déficitaires des différentes catégories. Cette compensation comporte des exceptions (notamment pour les déficits fonciers et les déficits agricoles), ce qui permet d'obtenir le revenu brut global.
- Déduction des charges déductibles du revenu global (notamment les pensions alimentaires), ce qui conduit au revenu net global.
- Calcul de l'impôt sur le revenu net global, avec application d'un barème progressif. La situation de famille est prise en considération grâce au système du quotient familial. De nombreuses réductions d'impôt et crédits d'impôt peuvent venir en diminution de l'impôt.

L'entreprise exploitée en société

L'adoption d'une telle structure permet d'assurer la séparation des patrimoines, puisque la société est dotée de la personnalité morale et dispose donc d'un patrimoine propre.

Il existe deux catégories de sociétés : les sociétés de personnes et les sociétés de capitaux.

Les sociétés de personnes

Le critère essentiel est la responsabilité illimitée des associés. Il s'agit, notamment, des sociétés en nom collectif et des sociétés civiles (sociétés civiles immobilières, sociétés civiles professionnelles...).

Du point de vue fiscal, elles sont soumises à un régime dit de semi-transparence fiscale (également appelé régime de la translucidité).

Le résultat est calculé au niveau de la société, mais celle-ci n'est pas elle-même imposable. Les associés sont imposables sur la part qui leur revient dans le bénéfice de la société (même si ces bénéfices ne sont pas distribués) et ils peuvent également déduire la part qui leur incombe, le cas échéant, dans le déficit de la société.

Cependant, ces sociétés peuvent opter pour leur assujettissement à l'impôt sur les sociétés (à noter que l'option est irrévocable).

Les sociétés de capitaux

Les associés sont responsables dans la limite de leurs apports. Il s'agit essentiellement des sociétés anonymes (SA) et des sociétés à responsabilité limitée (SARL). Leurs résultats sont soumis à l'impôt sur les sociétés. Leur bénéfice est donc imposable à l'impôt sur les sociétés ; si le résultat est déficitaire, il est reportable sur les bénéfices des exercices suivants (voir chapitre 2).

Les sociétés peuvent cependant opter pour le régime des sociétés de personnes, pendant une durée de 5 ans (ce qui permet aux associés de bénéficier du régime de la semi-transparence et de pouvoir déduire la part qui leur incombe du déficit de la société). Cette option est réservée aux sociétés de capitaux qui remplissent certaines conditions :

- créées depuis moins de 5 ans ;
- sociétés non cotées ;
- elles emploient moins de cinquante salariés et ont réalisé un chiffre d'affaires annuel ou un total de bilan inférieur à 10 millions d'euros au cours de l'exercice ;
- leur capital et les droits de vote sont détenus à hauteur de 50 % au moins par des personnes physiques, 34 % devant être détenus directement par des dirigeants ;
- les sociétés exercent à titre principal une activité industrielle, commerciale, artisanale, agricole ou libérale, à l'exclusion de la gestion de leur propre patrimoine mobilier ou immobilier.

À l'inverse, les SARL de famille peuvent opter pour le régime des sociétés de personnes. Cette option est subordonnée à deux conditions :

- La société doit exercer une activité industrielle, commerciale, artisanale ou agricole. L'option n'est donc pas possible si la société exerce une activité civile (par exemple, la location d'immeubles nus).
- La société doit être formée uniquement entre parents en ligne directe (enfants, parents, grands-parents…) ou entre frères et sœurs ou avec son conjoint et ou son partenaire lié par un Pacs.

Là encore, l'intérêt essentiel de l'option est l'application de la semi-transparence et, notamment, la possibilité de déduire sa part dans les déficits de la société (selon l'expression familière, on fait « remonter » les déficits), mais encore faut-il que l'intéressé exerce l'activité commerciale à titre professionnel.

Savoir combiner le régime des sociétés de personnes et le régime des sociétés de capitaux

Les sociétés de personnes peuvent comprendre deux catégories d'associés :

- Les personnes physiques : dans ce cas, la part qui leur revient dans les résultats de la société (déficit ou bénéfice) rentre dans le calcul de leur revenu imposable à l'impôt sur le revenu.
- Les sociétés de capitaux : la part qui leur revient dans les résultats de la société rentre dans le calcul de leur résultat imposable à l'impôt sur les sociétés.

EXEMPLE

Société en nom collectif composée de deux associés : A, personne physique et B, société anonyme.

A a 30 % des droits et la société B 70 %.

Si la société en nom collectif réalise un bénéfice de 150000 €, A sera imposable à l'impôt sur le revenu sur 30 % x 150000 € = 45000 €. La société B sera imposable à l'impôt sur les sociétés sur : 70 % x 150000 € = 105000 €.

Si la société en nom collectif présente un déficit de 100000 €, A pourra déduire 100000 € x 30 % = 30000 € de son revenu imposable à l'impôt sur le revenu (sous réserve que ce déficit ne rentre pas dans les exceptions de déductions, par exemple, des déficits fonciers). La société B pourra déduire de son résultat imposable à l'impôt sur les sociétés 100000 € x 70 % = 70000 €.

Un chef d'entreprise a donc le choix entre l'application de plusieurs régimes fiscaux. La décision essentielle consiste à déterminer s'il souhaite que son entreprise relève de l'impôt sur le revenu ou de l'impôt sur les sociétés.

Savoir choisir entre l'impôt sur le revenu et l'impôt sur les sociétés

Le choix entre l'application des deux impôts peut se poser tout d'abord lors de la constitution de l'entreprise, en fonction de la structure juridique adoptée.

La question se pose ensuite au moment de formuler une option pour l'application de l'un ou l'autre des deux impôts.

Les principales données du choix sont les suivantes :

a) Les comparaisons de taux

Pour l'impôt sur le revenu le taux marginal est fixé à 45 % pour l'imposition des revenus de 2012.

Il faut y ajouter, le cas échéant, la contribution exceptionnelle sur les hauts revenus :

- 3 % pour la fraction de revenu comprise entre 250 000 € et 500 000 €, 4 % au-dessus de 500 000 €, s'il s'agit de contribuables célibataires, veufs, séparés ou divorcés ;
- 3 % pour la fraction de revenu comprise entre 500 000 € et 1 000 000 €, 4 % au-dessus de 1 000 000 €, s'il s'agit de contribuables mariés ou liés par un Pacs, soumis à imposition commune.

Mais le taux moyen de l'impôt est un peu supérieur à 20 %. Il faut, en effet, tenir compte d'un élément essentiel, le quotient familial.

Pour l'impôt sur les sociétés, le taux est de 33,33 % ; un taux réduit de 15 % est applicable dans la limite de 38 120 €, pour les PME (leur chiffre d'affaires doit être inférieur à 7 630 000 € ; leur capital doit être entièrement libéré et détenu pour 75 % au moins de son montant par des personnes physiques).

b) Les possibilités de déduction de certaines charges (par exemple, l'amortissement des immeubles pour les sociétés civiles immobilières qui ont opté pour l'impôt sur les sociétés).

c) La politique des distributions

La société soumise à l'impôt sur les sociétés peut mettre les bénéfices en réserve, après paiement de l'impôt, mais ces réserves seront soumises à l'impôt en cas de distribution.

En cas de distribution de dividendes, le bénéficiaire sera soumis à l'impôt sur le revenu.

...

...

L'associé de la société soumise à l'impôt sur les sociétés peut ainsi étaler sa charge fiscale en calculant le montant des distributions en fonction de ses besoins. Tandis que dans les sociétés de personnes, l'associé est imposable sur sa part de résultat même s'il ne l'a pas prélevée.

d) Le professionnel peut être salarié de la structure sociétaire, alors qu'il ne peut être salarié de sa propre entreprise individuelle. Dans ce cas, le salaire sera déductible du bénéfice imposable à l'impôt sur les sociétés, mais le salaire sera imposable à l'impôt sur le revenu.

Dans ce cas, le professionnel doit aussi tenir compte de son statut social avant d'adopter le mode d'exploitation individuel ou la forme d'une société soumise à l'impôt sur les sociétés ; selon le statut de salarié ou de non-salarié, les cotisations et les prestations ne sont pas identiques.

e) Le régime des plus-values de cession d'éléments d'actif

D'une manière générale, le régime de l'impôt sur le revenu est plus favorable (voir chapitre 8).

f) La cessation d'activité

La cessation n'entraîne pas de conséquences pénalisantes pour l'activité individuelle.

Toutefois, dans le cas de structures soumises à l'impôt sur les sociétés, il faut tenir compte de l'imposition du boni de liquidation et des éventuelles plus-values de cession (soumises au taux normal de l'impôt sur les sociétés).

En conclusion, l'application de l'impôt sur les sociétés est souvent plus favorable en cours d'activité, mais s'avère parfois moins intéressante en fin d'activité. Cruel dilemme !

Faites le point

- Les résultats de l'entreprise individuelle sont soumis à l'impôt sur le revenu et des régimes particuliers sont prévus pour les auto-entrepreneurs et les entreprises individuelles à responsabilité limitée.
- Les résultats des sociétés peuvent être soumis à l'impôt sur le revenu s'il s'agit de sociétés de personnes ou à l'impôt sur les sociétés s'il s'agit d'une société de capitaux. Mais la loi prévoit des options, ce qui permet de pouvoir choisir entre ces deux régimes.
- Dans les groupes de sociétés, il peut être intéressant de prévoir la création de sociétés de personnes et de sociétés de capitaux.

Se tester

		vrai	faux
1	■ Le régime de l'entrepreneur individuel à responsabilité limitée permet de séparer les patrimoines sans création d'une structure sociétaire.	■	■
2	■ L'intérêt du régime des auto-entrepreneurs est qu'ils ne font pas l'avance du paiement de l'impôt et des cotisations sociales.	■	■
3	■ Les sociétés de capitaux peuvent opter pour le régime des sociétés de personnes.	■	■
4	■ Les SARL dont les associés appartiennent à la même famille peuvent opter pour le régime des sociétés de personnes.	■	■
5	■ Si l'associé unique d'une entreprise unipersonnelle à responsabilité limitée est une société, elle est soumise à l'impôt sur le revenu.	■	■
6	■ Dans une société de personnes soumise au régime de la semi-transparence, les associés sont imposables sur la part qui leur revient dans les bénéfices de la société, même s'ils n'ont pas prélevé cette part.	■	■
7	■ Dans une société soumise à l'impôt sur les sociétés, le salaire du dirigeant est déductible du résultat imposable.	■	■
8	■ En cas de cessation d'activité, le régime de l'impôt sur le revenu est plus favorable que le régime de l'impôt sur les sociétés.	■	■

(Réponses p. 16)

À VOUS DE JOUER

Deux sociétés de capitaux souhaitent collaborer pour la réalisation d'un chantier. Au départ, le chantier fait apparaître des déficits et les deux sociétés souhaitent pouvoir déduire immédiatement leur part de ces déficits. Vous êtes le consultant de ces sociétés et les dirigeants vous demandent de leur indiquer la solution fiscale qui leur permettra d'atteindre ces objectifs.

Nos conseils

Les deux sociétés peuvent constituer entre elles une société en nom collectif, soumise au régime de la semi-transparence fiscale. Chacune des deux sociétés pourra déduire de son propre résultat imposable à l'impôt sur les sociétés, la part qui lui revient dans le déficit de la société en nom collectif.

réponses

1 ▪ Vrai

C'est ce qui distingue l'entrepreneur individuel à responsabilité limitée de l'entreprise unipersonnelle à responsabilité limitée.

2 ▪ Vrai

L'auto-entrepreneur ne fait pas l'avance des paiements, puisqu'il paie en fonction du chiffre d'affaires réalisé.

3 ▪ Vrai

Les sociétés créées depuis moins de 5 ans peuvent opter pour ce régime, pendant une durée maximale de 5 ans.

4 ▪ Vrai

L'intérêt essentiel de cette option est de permettre aux associés de déduire la part qui leur revient dans les déficits de la SARL.

5 ▪ Faux

Dans ce cas, elle est obligatoirement soumise à l'impôt sur les sociétés.

6 ▪ Vrai

En revanche, si la société opte pour l'impôt sur les sociétés, les associés sont imposables uniquement sur les revenus distribués par la société.

7 ▪ Vrai

C'est un argument en faveur de l'adoption d'une structure sociétaire pour l'entreprise et pour l'option pour l'application de l'impôt sur les sociétés.

8 ▪ Vrai

C'est un des inconvénients de l'option pour l'application de l'impôt sur les sociétés.

2
L'imposition du résultat d'une entreprise

Se poser les bonnes questions

Les règles de calcul du résultat imposable sont largement comparables entre l'impôt sur le revenu (catégorie des bénéfices industriels et commerciaux) et l'impôt sur les sociétés. Mais il existe tout de même quelques particularités que l'on signalera dans les développements.

Pour calculer le résultat imposable, il faut partir du résultat figurant dans la comptabilité, puis effectuer les modifications exigées par la loi fiscale.

- Quels sont les liens entre la fiscalité et la comptabilité ?
- Quelles sont les modalités pratiques de la détermination du résultat imposable ?
- Quelles sont les règles de calcul de l'impôt ?
- Quelles sont les particularités applicables aux petites entreprises ?
- Quel est le régime fiscal des activités internationales ?
- Quelles sont les obligations déclaratives des sociétés ?

Les liens avec la comptabilité

La comptabilité est le fil conducteur du calcul du résultat, d'abord pour définir ce résultat puis pour préciser la période d'imposition.

Savoir définir le résultat imposable

Le Code général des impôts donne plusieurs définitions du résultat imposable.

Selon la première définition, la plus simple, le bénéfice imposable est le bénéfice net, déterminé d'après les résultats d'ensemble des opérations de toute nature effectuées par les entreprises, y compris les cessions d'éléments quelconques de l'actif, soit en cours, soit en fin d'exploitation.

Selon une seconde définition, le résultat imposable est constitué par la différence entre les valeurs de l'actif net à la clôture et à l'ouverture de la période, dont les résultats doivent servir de base à l'impôt, diminuée des suppléments d'apport et augmentée des prélèvements effectués au cours de cette période par l'exploitant ou par les associés. L'actif net s'entend de l'excédent des valeurs d'actif du bilan sur le total formé au passif du bilan par les créances des tiers, les amortissements et les provisions justifiés.

Les deux définitions se complètent : la seconde a pour but d'élargir le champ d'application de l'imposition, car cette définition a une double signification :

- En premier lieu, elle permet d'imposer toutes les opérations qui contribuent à l'augmentation de l'actif net de l'entreprise : celles qui augmentent l'actif, mais aussi celles qui diminuent le passif (par exemple, un abandon de créance dont bénéficie l'entreprise fait diminuer son passif en faisant disparaître une dette).
- En second lieu, elle permet de faire le lien entre la comptabilité et la fiscalité. En effet, dans notre système français, le résultat fiscal est calculé à partir du résultat comptable. Sur ce point, le système français est différent de celui appliqué par d'autres pays (par exemple, les États-Unis) dans lesquels les deux catégories de résultats sont déconnectées.

Le résultat imposable est calculé annuellement puisque l'impôt est acquitté chaque année.

En pratique

Déterminer la période d'imposition

Il faut combiner, sur ce point, la règle fiscale du caractère annuel de l'impôt avec la règle comptable de l'indépendance des exercices :

- Lorsque l'exercice comptable coïncide avec l'année civile, l'imposition est calculée sur les bénéfices qui apparaissent à la clôture de l'exercice. Par exemple, le contribuable est imposé en 2012 sur le bénéfice qui apparaît au bilan clôturé le 31 décembre 2011.
- Lorsque l'exercice comptable ne coïncide pas avec l'année civile, on impose le résultat de l'exercice clos au cours de l'année. Par exemple, si le bilan est arrêté au 30 juin, le contribuable est imposé au titre de 2011, d'après les résultats de l'exercice du 1er juillet 2010 au 30 juin 2011.
- Lorsque plusieurs bilans sont arrêtés au cours d'une même année, le résultat imposable est constitué par la somme algébrique des résultats qui apparaissent dans les différents bilans.
- Si aucun bilan n'a été dressé au cours de l'année, l'imposition est calculée sur les résultats réalisés depuis la clôture du dernier exercice (ou, s'il s'agit d'une entreprise nouvelle relevant de l'impôt sur le revenu, depuis le début de l'exploitation), jusqu'au 31 décembre de l'année en cause.

EXEMPLE

1) Une entreprise qui clôture son bilan habituellement au 30 juin décide de modifier son exercice et de le faire coïncider avec l'année civile et elle ne clôture aucun bilan au cours de l'année 2011 ; elle sera imposable d'après les résultats réalisés du 1er juillet 2010 au 31 décembre 2011.

2) Une entreprise dont l'exercice coïncide habituellement avec l'année civile décide de clôturer le 30 juin et ne clôture pas de bilan au 31 décembre 2011 ; elle doit souscrire une déclaration provisoire au 31 décembre 2011 ; le bénéfice ainsi imposé viendra en déduction du bénéfice qui apparaîtra au bilan clôturé au 30 juin 2012.

Les modalités pratiques de détermination du résultat imposable

La loi prévoit de nombreuses précisions, mais qui s'inscrivent dans le schéma général du calcul du résultat imposable.

En pratique

Le schéma de calcul du résultat imposable

Le point de départ est le calcul du résultat apparaissant en comptabilité (résultat comptable).

Le calcul du résultat d'exploitation conduit à envisager les produits et les charges déductibles, ce qui peut aboutir à un bénéfice ou à un déficit.

Il faut ensuite tenir compte, le cas échéant, de pertes ou profits exceptionnels, résultant notamment des cessions d'éléments d'actifs. Il s'agit des plus-values ou moins-values qui sont soumises à un régime fiscal particulier, développé au chapitre 7.

Enfin, il faut pratiquer des correctifs extra-comptables destinés à tenir compte des particularités fiscales. Ces correctifs, qui peuvent être des augmentations ou des diminutions, sont effectués dans un imprimé annexe à la déclaration de résultats souscrite par l'entreprise.

Les produits

Ils sont principalement constitués des produits d'exploitation, mais d'autres profits peuvent également entrer dans le résultat imposable.

Les produits d'exploitation

Ils comprennent les produits des ventes de marchandises ou de prestations de services. En principe, le compte de résultat doit être présenté hors taxes.

Il faut appliquer les principes de la comptabilité commerciale, c'est-à-dire que doivent être prises en compte les créances acquises. Un produit est imposable dès que la créance est certaine dans son principe et dans son montant, même s'il n'a pas été encore encaissé. Bien sûr, les versements reçus à l'avance en paiement du prix sont également imposables.

À l'inverse, une créance qui demeure incertaine quant à son principe ou à son montant n'est pas imposable.

Mais une créance certaine dans son principe et dans son montant doit être constatée, même si son recouvrement est incertain. Dans ce cas, l'entreprise pourra déduire une provision pour créance douteuse (voir ci-après).

En pratique

Les règles de rattachement des créances à la période d'imposition

Pour les ventes, l'exercice de rattachement est celui au cours duquel intervient la livraison des biens.

Le terme livraison est pris au sens du Code civil, c'est-à-dire le transport du bien « en la puissance et possession de l'acheteur » (art. 1 604 du Code civil). En pratique, la date de rattachement correspond le plus souvent à la date d'émission de la facture.

Pour les prestations de services, l'exercice de rattachement est celui au cours duquel intervient l'achèvement de la prestation.

Les produits des prestations continues, rémunérées par des intérêts ou des loyers (il s'agit des prêts et des locations), sont pris en compte au fur et à mesure de leur exécution.

Les produits des prestations discontinues (exemples : contrats d'entretien de matériel, cours par correspondance) sont également pris en compte au fur et à mesure de leur exécution.

Les produits relatifs aux travaux d'entreprise donnant lieu à réception complète ou partielle sont rattachés à l'exercice au cours duquel intervient la réception.

Les autres produits augmentant l'actif net de l'entreprise

Il s'agit tout d'abord de produits accessoires, tels que des loyers tirés de la location d'immeubles figurant à l'actif du bilan ou des produits financiers. Pour ces derniers, il faut signaler les particularités concernant les dividendes encaissés par une société mère de la part de sa filiale (voir ci-dessous).

Il s'agit ensuite de produits exceptionnels, tels que des subventions (l'imposition des subventions publiques d'investissement peut être échelonnée sur la durée de l'amortissement du bien acquis grâce à cette subvention).

Une diminution du passif entraîne également l'apparition d'un profit imposable. Il en est ainsi pour les remises de dettes consenties à l'entreprise.

Les stocks

Les stocks sont constitués par des marchandises dont l'entreprise est propriétaire et qui sont destinées à être vendues. Ce critère permet de distinguer les stocks des immobilisations. Celles-ci sont des biens qui sont normalement destinés à rester dans l'entreprise ; leur cession peut donner lieu à la réalisation d'une plus-value qui est imposable selon des règles particulières (voir chapitre 8).

Les travaux ou productions en cours sont également compris dans les stocks. Il s'agit notamment de biens ou de services qui sont encore dans le processus de production ou des travaux inachevés à la clôture de l'exercice.

La constatation du stock obéit à la logique suivante : les marchandises ont été achetées et le prix d'achat figure parmi les charges, mais comme elles n'ont pas encore été vendues, les recettes correspondantes n'ont pas été déclarées. En l'absence de constatation de la valeur du stock, le résultat imposable de l'exercice serait artificiellement diminué.

Les stocks sont évalués au prix de revient ou au cours du jour si celui-ci est inférieur au prix de revient. Dans ce dernier cas, une provision pour dépréciation de stock doit être constituée par l'entreprise (voir ci-après).

Les charges

Avant d'examiner les différentes catégories de charges supportées par l'entreprise, il faut vérifier que les conditions générales de déduction des charges sont remplies.

Les conditions générales de déduction des charges

1. Les charges doivent entraîner une diminution de l'actif net de l'entreprise.

Cette condition doit être reliée à la définition du résultat imposable. Elle signifie que la charge acquittée par l'entreprise ne doit pas avoir pour contrepartie l'entrée d'un élément dans l'actif.

On peut tirer deux conséquences pratiques de cette condition :

- a) L'achat d'une immobilisation ne constitue pas une charge déductible (mais ce bien peut, le cas échéant, faire l'objet d'un amortissement déductible, voir ci-dessous). La distinction entre une charge déductible et les frais d'acquisition d'une immobilisation n'est pas toujours aisée, en particulier en cas d'acquisition d'une immobilisation incorporelle.

Par exemple, il résulte de la jurisprudence que les sommes versées lors de la conclusion d'un contrat, qui donne à une société ayant une activité d'agence de régie publicitaire l'exclusivité de la vente d'espaces publicitaires, ne sont pas déductibles, car l'entreprise a acquis une immobilisation incorporelle en contrepartie du versement de ces sommes.

À partir de cet exemple, on peut dégager les trois critères qui permettent d'identifier une immobilisation incorporelle. Elles doivent présenter trois caractéristiques : constituer une source régulière de profits ; avoir une certaine pérennité ; être cessibles. Le prix d'acquisition d'éléments qui présentent ces trois caractéristiques n'est pas déductible.

- b) Les frais d'entretien d'une immobilisation sont déductibles ; en revanche, les dépenses qui contribuent à l'augmentation de la valeur de l'immobilisation ne sont pas déductibles.

Ainsi, ne sont pas déductibles des dépenses qui ont pour effet d'accroître sensiblement la durée probable d'utilisation de ces immobilisations (par exemple, des travaux de réhabilitation d'un immeuble).

En revanche, si les dépenses n'ont pas pour effet d'accroître la durée d'utilisation normale de l'immobilisation, elles constituent des dépenses d'entretien déductibles (par exemple, des travaux périodiques de peinture, de nettoyage et de réfection partielle de plomberie et d'électricité).

- c) Acquisitions de biens de faible valeur : l'administration autorise les entreprises à déduire le prix d'acquisition de matériels et outillages, matériels de bureau et logiciels si leur valeur unitaire n'excède pas 500 € (hors taxes).

2. Les charges doivent être comptabilisées et justifiées.

L'administration peut réclamer la production de pièces justificatives.

3. La déduction ne doit pas être interdite par la loi fiscale.

L'interdiction concerne notamment des dépenses somptuaires, telles que des charges relatives à des résidences de plaisance ou d'agrément, à des yachts ou bateaux de plaisance. L'interdiction concerne également l'amortissement des voitures particulières, pour la fraction de leur prix d'acquisition qui excède un plafond légal fixé à 9 900 €, pour les véhicules les plus polluants, et à 18 300 € pour les autres véhicules.

Dans ces hypothèses, les charges figurant en comptabilisé doivent être réintégrées dans le résultat imposable de manière extra-comptable (voir ci-après, les correctifs fiscaux).

4. Les charges doivent se rattacher à une gestion normale de l'entreprise.

Il s'agit de la condition la plus importante en pratique. C'est d'ailleurs cette condition qui donne lieu au plus grand nombre de redressements lors des contrôles fiscaux !

Le principe général, souvent rappelé par la jurisprudence, est la liberté de gestion des entreprises : l'administration fiscale ne peut s'immiscer, en principe, dans les choix de gestion des entreprises.

Mais l'administration fiscale estime que cette liberté comporte une importante limite : « L'exploitant est libre de sa gestion et les frais qu'il engage pour le fonctionnement de son entreprise constituent normalement des dépenses déductibles, à la condition toutefois que cette déduction ne soit pas expressément interdite par une disposition particulière. Bien que l'administration ne soit pas autorisée à s'immiscer dans la gestion des entreprises, elle peut cependant, conformément à une jurisprudence constante du Conseil d'État, remettre en cause les dépenses qui ne se rattacheraient pas à une gestion normale ou n'auraient pas été exposées dans l'intérêt direct de l'exploitation » (Documentation administrative 4-C-111).

En pratique, cette théorie s'applique dans les hypothèses suivantes : une entreprise fait une dépense qui ne paraît pas conforme à l'intérêt de l'exploitation ou renonce anormalement à une recette (par exemple, un abandon de créance).

Le critère essentiel de l'acte normal de gestion est donc l'intérêt de l'exploitation.

En pratique

Les actes anormaux de gestion

Un acte anormal est un acte contraire aux intérêts de l'entreprise. En effet, une entreprise a normalement pour objet la réalisation d'un bénéfice. Dès lors, un acte ne pourra être considéré comme normal que si l'entreprise peut espérer obtenir une contrepartie.

Les principaux actes anormaux sont les suivants :

- Dépenses à caractère personnel effectuées par un entrepreneur individuel.
- Dépenses ayant bénéficié à des dirigeants ou à certains membres du personnel, sans pouvoir être considérées comme la contrepartie de services rendus.

EXEMPLE

- Rémunérations versées pour un travail non effectif.
- Rémunérations excessives allouées à des dirigeants : l'appréciation du caractère excessif est évidemment délicate ! L'administration fiscale admet que s'il est établi que le dirigeant a joué un rôle essentiel dans le développement de l'entreprise, les rémunérations sont normales et, par conséquent, déductibles du résultat imposable. Le caractère excessif des rémunérations est rarement retenu. On peut trouver des cas d'application dans certaines PME, par exemple, lorsque la rémunération du dirigeant est fixée de telle sorte qu'elle absorbe la plus grande partie de la marge bénéficiaire de la société dont les résultats sont soit déficitaires, soit faiblement bénéficiaires.
- Avantages injustifiés accordés à des tiers : dans ces hypothèses, la recherche de la contrepartie éventuelle pour l'entreprise est essentielle ; par exemple, l'abandon du loyer est normal s'il permet au bailleur de réaliser la vente de l'immeuble en obtenant du locataire la libération très rapide des locaux.
- Actes intervenant entre sociétés appartenant au même groupe : c'est le cas le plus important en pratique, il est examiné au chapitre 3.

5. Exercice de déduction des charges

Conformément aux règles de la comptabilité commerciale, les charges sont déductibles des résultats de l'exercice durant lequel la dette est devenue certaine quant à son principe et quant à son montant, quelle que soit la date du paiement de la dépense.

Les principales catégories de charges

La loi fiscale retient les charges qui sont prévues dans le plan comptable général et, pour chacune d'entre elles, des conditions particulières de déduction sont prévues. Il faut donc passer en revue les charges exposées par l'entreprise (et figurant dans sa comptabilité) et, pour chacune d'entre elles, appliquer les modalités de déduction prévues par la loi fiscale.

Les frais d'établissement

La réglementation comptable définit les frais d'établissement comme les dépenses engagées à l'occasion d'opérations qui conditionnent l'existence ou le développement de l'entreprise, mais dont le montant ne peut être rapporté à des productions de biens et de services déterminés.

Les frais d'établissement comprennent, notamment : les frais de constitution d'une entreprise (par exemple, les dépenses liées aux formalités administratives), les frais de prospection et les frais de publicité, les frais liés à la réalisation d'opérations particulières, telles que les augmentations de capital ou les fusions de sociétés.

Du point de vue fiscal, l'entreprise a le choix entre deux possibilités :

- soit elle déduit la totalité du montant de ces frais au titre de l'exercice au cours duquel ils sont engagés ;
- soit elle déduit ces frais, de manière échelonnée, sur une période qui ne peut dépasser 5 ans.

Les achats

Ils suivent un régime symétrique de celui des ventes : dans la logique des règles de la comptabilité commerciale, les achats pris en compte pour le calcul du résultat imposable sont ceux qui sont comptabilisés au cours de l'exercice, même si leur prix n'a pas encore été effectivement payé.

Les frais généraux de toute nature

Cette expression figure dans le Code général des impôts (et non dans le plan comptable) et elle regroupe toute une série de charges, dont les principales sont les suivantes :

Dépenses de personnel

Les rémunérations allouées aux salariés et aux dirigeants sont déductibles. En revanche, la rémunération que s'alloue le chef d'une entreprise individuelle ou l'associé d'une société de personnes n'est pas déductible (la rémunération versée au conjoint peut être déduite si celui-ci exerce effectivement une activité au sein de l'entreprise).

Les charges sociales liées aux rémunérations sont également déductibles.

Ces dépenses sont déductibles sous deux conditions : elles doivent correspondre à un travail effectif et les rémunérations ne doivent pas être excessives (comme l'exige expressément l'article 39 du Code général des impôts). Une rémunération excessive est considérée comme un acte de gestion anormal. Mais, comme on l'a déjà noté, l'administration fiscale retient assez rarement le caractère excessif d'une rémunération.

Loyer des immeubles dont l'entreprise est locataire

L'immeuble doit être affecté à l'exploitation et le loyer doit être d'un montant normal. Cette condition est vérifiée de manière particulière dans les situations, fréquentes en pratique, où le bailleur et le locataire ont des intérêts communs. Par exemple, il est courant que l'immeuble appartienne soit directement, soit indirectement (par l'intermédiaire d'une société civile immobilière) à l'exploitant de l'entreprise. Le montant normal du loyer est déterminé principalement par comparaison avec les conditions de location consenties pour des locaux similaires situés à proximité. À défaut d'éléments de comparaison, l'administration évalue un montant de loyer qui assure la rentabilité de la location (pour l'essentiel, le loyer doit permettre de compenser au moins les charges de la propriété et l'amortissement de l'immeuble).

Dans ces cas, le chef d'entreprise dispose d'un revenu (les loyers encaissés) et l'entreprise déduit cette charge. Bien entendu, le montant du loyer est imposé à l'impôt sur le revenu au nom du chef d'entreprise.

On peut souligner que l'intérêt du montage peut également concerner l'application de la TVA (voir chapitre 6).

Impôts et taxes

La déduction des impôts à la charge de l'entreprise mis en recouvrement au cours de l'exercice est en principe admise. Toutefois, la loi fiscale exclut la déduction de certaines impositions. Les principales exclusions concernent l'impôt sur le revenu supporté à raison des résultats d'une entreprise industrielle ou commerciale, ainsi que l'impôt sur les sociétés et la taxe sur les véhicules des sociétés (la déduction de cette taxe étant en revanche autorisée pour les sociétés relevant de l'impôt sur le revenu).

Dépenses de recherche

Les dépenses de fonctionnement exposées pour la recherche scientifique ou technique, ainsi que les dépenses de conception de logiciels peuvent, au choix de l'entreprise, être :

- soit immédiatement déduites des résultats de l'exercice au cours duquel elles ont été exposées ;
- soit comptabilisées dans un compte d'immobilisations, auquel cas l'entreprise doit calculer un amortissement (voir ci-après) qu'elle peut déduire sur une période maximale de 5 ans. Cette option permet à l'entreprise de mieux faire apparaître dans sa comptabilité le coût global d'une opération de recherche.

Il faut ajouter que d'autres avantages fiscaux sont prévus en faveur des dépenses de recherche (notamment le crédit d'impôt recherche).

Charges financières

On peut en distinguer plusieurs catégories.

Intérêts des sommes empruntées par l'entreprise à des tiers

Le prêt doit être contracté dans l'intérêt de l'entreprise. Il doit donc se rattacher à la gestion normale de l'entreprise. Mais, comme on l'a déjà souligné, l'administration fiscale ne peut pas s'immiscer dans la gestion de l'entreprise et elle ne peut donc se prononcer sur l'opportunité du prêt. Ainsi, elle ne peut refuser la déduction au motif que l'entreprise aurait pu utiliser d'autres modes de financement. Par exemple, le choix de financer un investissement par un prêt de préférence à un apport de fonds propres ne peut être contesté par l'administration.

Seul le montant des intérêts est déductible. Les versements qui correspondent au remboursement du capital ne sont pas admis en déduction. En revanche, dans les sociétés de toute forme, les intérêts alloués au capital social – qui est constitué non seulement par les apports des associés ou actionnaires, mais aussi par les sommes incorporées au capital en cours de vie sociale (réserves capitalisées, etc.) – ne sont pas déductibles. Il en est de même pour les capitaux laissés à la disposition d'une entreprise individuelle (capitaux comptabilisés au compte 101 « capital individuel » ou 108 « compte de l'exploitant »).

Intérêts alloués aux comptes courants d'associés

Les intérêts des sommes mises à la disposition d'une société par les associés ou les entreprises liées, en sus de leur part de capital, peuvent être déduits des bénéfices. En effet, ces sommes sont analysées, sur le plan juridique, comme des créances dont disposent les associés à l'égard de la société.

Les intérêts versés aux titulaires de ces comptes courants sont déductibles mais seulement sous certaines conditions et dans certaines limites. En effet, il serait tentant pour des associés de limiter leurs apports au capital social (pour lesquels les intérêts ne sont pas déductibles) et de gonfler leurs comptes courants. D'où les conditions et limites de déduction :

- Le capital social a été entièrement libéré.
- Le taux maximum des intérêts déductibles est fixé en fonction des taux pratiqués par les établissements de crédits. Par exemple, pour les sociétés dont l'exercice 2011 coïncide avec l'année civile, le taux maximum d'intérêt déductible est de 3,99 %.

La loi de finances pour 2013 prévoit la réintégration dans les bénéfices imposables de 15 % des charges financières (25 % à partir de 2014), mais cette mesure ne s'applique que si le total des charges financières de l'entreprise dépasse 3 millions € (la mesure ne s'applique donc pas aux petites et moyennes entreprises).

En pratique

Les mesures de lutte contre la sous-capitalisation des sociétés

La sous-capitalisation est une situation qui peut générer des évasions fiscales, d'où la vigilance de la loi fiscale (en France et dans les autres pays). Le montage est schématiquement le suivant : une société est constituée avec un capital relativement faible et elle est alimentée par des sociétés qui lui sont liées. Au sens de la loi fiscale, des liens de dépendance existent entre des sociétés :

- lorsque l'une détient directement ou par personne interposée la majorité du capital social de l'autre ou y exerce le pouvoir de décision ;
- lorsqu'elles sont placées l'une et l'autre sous le contrôle d'une même tierce entreprise.

...

...

Les intérêts des avances ainsi consenties par ces sociétés liées étant déductibles, le bénéfice imposable est diminué. Si, de plus, la société qui a versé ces avances a son siège à l'étranger, il s'agit d'un transfert de bénéfice vers l'étranger. La loi fiscale a donc prévu des limitations supplémentaires aux possibilités de déductions des intérêts dans ces situations. Une fraction des intérêts versés n'est pas déductible lorsque trois critères sont cumulativement remplis :

- **1er critère** : les avances consenties par des entreprises liées excèdent une limite fixée à une fois et demie le montant des capitaux propres de la société.

Exemple

Envisageons le cas d'une société française qui est liée à d'autres entreprises.

Montant des avances consenties par les sociétés liées : 500 millions.

Montant des capitaux propres : 90 millions. La limite de 1,5 des capitaux propres s'élève donc à 135 millions.

Montant des intérêts versés aux sociétés liées : 20 millions (taux d'intérêt : 4 %).

1er plafond de déduction en fonction de ce premier critère :
20 × 135/500 = 5,4 millions.

- **2e critère** : le montant des intérêts versés à ces entreprises excède 25 % de son résultat courant avant impôts (calculé après quelques retraitements).

Suite de l'exemple

Le résultat courant avant impôts retraité est de 70 M €.

2e plafond de déduction : 17,5 M € (70 M € × 25 %).

- **3e critère** : le montant des intérêts versés à des entreprises liées est supérieur au montant des intérêts reçus de ces entreprises.

Le 3e plafond est constitué par le montant des intérêts versés à cette société par les entreprises qui lui sont liées.

Suite de l'exemple

Les sociétés liées versent à la société en cause 8,1 millions d'intérêts, tandis que la société en cause a elle-même versé 20 millions d'intérêts aux sociétés liées (voir le premier plafond de déduction). Cette société

...

...

est donc présumée sous-capitalisée en fonction de ce troisième critère et le troisième plafond de déduction est 8,1 millions.

La fraction des intérêts déductible est calculée par différence entre le montant des intérêts versés et le plus élevé des plafonds définis ci-dessus. Dans l'exemple, le plafond le plus élevé est le deuxième (17,5 M €).

Par conséquent, le montant d'intérêts non déductibles sera égal à 2,5 M € au titre de l'exercice (20 – 17,5) ; la déduction de cette somme est reportée au titre des exercices ultérieurs (avec les mêmes limites).

Ces mesures étant destinées, essentiellement, à lutter contre l'évasion fiscale internationale, la loi a limité leur application à des groupes importants. Ainsi, dans l'hypothèse où la différence calculée ci-dessus serait inférieure ou égale à 150 000 €, les intérêts dus à des entreprises liées seront intégralement déductibles.

Imposition des associés

Les intérêts des comptes courants d'associés perçus par une entreprise sont compris dans les bénéfices de cette entreprise et imposés soit à l'impôt sur le revenu (entreprise individuelle), soit à l'impôt sur les sociétés.

Les intérêts perçus par une personne physique constituent des revenus de capitaux mobiliers qui sont soumis à l'impôt sur le revenu. Ils sont ajoutés aux autres revenus du bénéficiaire.

On peut ajouter que la créance ainsi détenue par les associés sur la société est imposable à l'impôt de solidarité sur la fortune.

Autres charges de gestion courante

Frais d'entretien et de réparations

Les dépenses d'entretien et de réparation ont pour objet de conserver ou de remettre en bon état d'utilisation les immobilisations. Il faut rappeler que ces dépenses entraînent une diminution de l'actif net de l'entreprise. Si ces dépenses ont pour effet de prolonger la durée d'utilisation des immobilisations, ces dépenses doivent être ajoutées au prix de revient et l'entreprise pourra calculer l'amortissement sur ces dépenses.

Primes d'assurances

Différentes situations peuvent se présenter :

- Font partie des charges déductibles les primes d'assurances de dommages qui ont pour objet de garantir l'entreprise contre la perte des éléments d'actif (vol, incendie, bris de glace, inondations, etc.), les risques encourus du fait de sa responsabilité ou encore les pertes d'exploitation dues à certains événements (grèves, insolvabilité des clients).
- Les primes versées au titre des contrats d'assurance décès souscrits pour garantir le remboursement d'un emprunt sont déductibles, soit au fur et à mesure des échéances si la souscription du contrat est imposée par le prêteur (ce qui est la situation la plus fréquente), soit globalement à l'expiration du contrat si l'assurance est souscrite volontairement par l'entreprise.
- Le remboursement de l'emprunt par la compagnie d'assurances entraîne l'apparition d'un profit (car l'actif net augmente) ; pour le calcul de la base imposable, ce profit peut être étalé sur 5 ans.
- Les primes versées pour un contrat d'assurance souscrit sur la tête de dirigeants ou de salariés importants (assurance dite « homme clé ») sont également déductibles.
- Des entreprises peuvent souscrire des contrats d'assurance-vie à titre de placements financiers. Dans ce cas, les primes versées ne sont déductibles que globalement lors du versement du capital par la compagnie d'assurance.

Frais de publicité

Les dépenses de publicité sont déductibles, à l'exception de certaines d'entre elles, prohibées par le Code la santé publique (par exemple, pour la consommation de boissons alcooliques).

Savoir distinguer le parrainage du mécénat

Les dépenses de parrainage (*sponsoring*) sont assimilées à des dépenses publicitaires : ces dépenses sont exposées en vue de la promotion du nom de l'entreprise : celui-ci doit donc apparaître sur les affiches, annonces de presse... De plus, les dépenses engagées doivent être en rapport avec l'avantage attendu par l'entreprise. Celle-ci doit être en mesure de justifier que les charges supportées à l'occasion d'une action de parrainage ne sont pas excessives eu égard à l'importance de la contrepartie attendue.

Les dépenses de parrainage doivent être distinguées du mécénat. Selon la définition légale, le mécénat est « le soutien matériel apporté, sans contrepartie directe de la part du bénéficiaire, à une œuvre ou à une personne pour l'exercice d'activités présentant un intérêt général ». L'administration fiscale admet, cependant, que l'entreprise donatrice puisse bénéficier de certaines contreparties en communication et relations publiques, dont la valeur doit néanmoins demeurer dans une « disproportion marquée » avec le montant du don : il est communément admis un rapport de 1 à 4 entre les montants des contreparties et celui du don. Le mécénat ouvre droit à une réduction d'impôt égale à 60 % du montant des versements, pris dans la limite d'un plafond de 5 pour 1 000 du chiffre d'affaires hors taxes réalisé par l'entreprise. Des réductions d'impôt sont également prévues, sous certaines conditions, en cas d'acquisitions d'œuvres d'art par les entreprises. Ces réductions sont pratiquées directement sur l'impôt.

Frais de déplacement et de représentation

Il s'agit essentiellement des frais de voyage, de déplacement ainsi que des frais de réception et de représentation, dans la mesure où ils sont exposés dans l'intérêt de l'entreprise.

Charges diverses de gestion

On peut citer, par exemple, des cotisations à caractère professionnel, les frais de bureau et de documentation...

En pratique

Une formalité fiscale

Certaines catégories de frais doivent figurer sur un relevé spécial annexé à leur déclaration de résultats.

Les sociétés doivent joindre à leur déclaration annuelle de résultats un relevé détaillé de cinq catégories de frais généraux lorsque ces derniers excèdent certaines limites. Il s'agit des rémunérations des dirigeants et salariés les mieux payés, des frais de voyage et de déplacement exposés par ces mêmes personnes, des dépenses et charges afférentes aux véhicules et autres biens dont disposent ces personnes, des cadeaux consentis par l'entreprise (à l'exception des objets de faible valeur) et des frais de réception.

Les entreprises individuelles sont dispensées de la production du relevé et doivent seulement mentionner les cadeaux et les frais de réception dans un cadre spécial de la déclaration.

Les amortissements

Il faut définir l'amortissement avant de préciser les modalités de calcul.

Savoir définir l'amortissement

L'amortissement permet la constatation de la dépréciation d'un élément d'actif. D'une manière générale (mais il existe quelques adaptations à la règle), l'amortissement mesure la dépréciation due à l'usure du temps.

Selon la définition plus technique donnée par le plan comptable, l'amortissement d'un actif est la répartition systématique de son montant amortissable en fonction de son utilisation, celle-ci se mesurant par la consommation des avantages économiques attendus de l'actif.

Du point de vue juridique, l'amortissement est obligatoire, puisque le Code de commerce dispose que « même en cas d'absence ou d'insuffisance du bénéfice, il doit être procédé aux amortissements et provisions nécessaires » (art. L 123-20, al. 2).

Le droit fiscal s'aligne, en principe, sur les définitions comptables, mais prévoit de nombreuses adaptations.

Les biens amortissables

L'amortissement ne peut porter que sur les biens comptabilisés parmi les immobilisations, c'est-à-dire les biens destinés à être utilisés durablement par l'entreprise. En revanche, les biens compris dans le stock (composé, on le rappelle, des biens destinés à être vendus) ne peuvent faire l'objet d'un amortissement (c'est le cas, par exemple, d'immeubles possédés par un marchand de biens et destinés à une vente rapide).

On peut distinguer deux grandes catégories d'immobilisations :

- **Les immobilisations corporelles**

Seules peuvent être amorties les immobilisations qui se déprécient en raison de l'usure du temps, c'est-à-dire les constructions, les matériels, outillages...

Par mesure de simplification, l'administration autorise les entreprises à passer directement en charges déductibles, lorsque leur valeur unitaire n'excède pas un montant fixé à 500 € hors taxes, le prix d'acquisition des biens suivants : matériels et outillages, matériels et mobiliers de bureau, logiciels.

En revanche, les terrains, par exemple, ne peuvent être amortis (donc, en pratique, il faut distinguer la valeur du terrain de celle de la construction).

- **Les immobilisations incorporelles**

Elles ne se déprécient pas, à proprement parler, en raison de l'usure du temps. Pourtant, la déduction d'un amortissement est admise « s'il est normalement prévisible, dès leur création ou leur acquisition, que l'avantage qu'en tire l'entreprise prendra fin à une date déterminée » (condition posée par la jurisprudence fiscale). Ainsi, est admis, par exemple, l'amortissement des brevets, des modèles, des procédés industriels, des droits des producteurs sur les films qu'ils produisent...

En revanche, l'amortissement du fonds de commerce n'est pas admis (on peut souligner que cet amortissement est autorisé dans d'autres pays européens). Le cas échéant, une provision pour dépréciation pourra être constituée, mais elle devra remplir les conditions prévues pour la déduction des provisions (voir ci-dessous).

Le calcul de l'amortissement déductible

Base de calcul

En principe, les amortissements sont calculés sur la base du prix d'achat ou du prix de revient de l'élément d'actif. Le cas échéant, il faut tenir compte de la règle comptable relative à la décomposition des éléments d'actif en fonction de leurs composants. Le plan comptable général dispose (art. 311-2) :

« Lorsque des éléments constitutifs d'un actif sont exploités de façon indissociable, un plan d'amortissement unique est retenu pour l'ensemble de ces éléments. Cependant, si dès l'origine, un ou plusieurs de ces éléments ont chacun des utilisations différentes, chaque élément est comptabilisé séparément et un plan d'amortissement propre à chacun de ces éléments est retenu. »

D'une manière générale, constituent des « composants » des éléments appelés à être renouvelés avant l'expiration de la durée d'utilisation du bien (exemple fourni par l'administration fiscale : constitue un composant, le moteur d'un bac réfrigérant qui doit être remplacé au bout de 3 ans, alors que le bac sera utilisé pendant 5 ans).

Taux de l'amortissement

Ce taux est déterminé à partir de la durée d'utilisation du bien. Par exemple, un bien utilisable pour une durée de 5 ans sera amorti au taux de 20 %.

Pour l'appréciation de la durée d'utilisation d'un bien, la loi fiscale se réfère aux usages qui sont généralement admis pour chaque nature d'industrie, de commerce ou d'exploitation. Les usages sont le plus souvent définis par les organismes professionnels et figurent dans des publications spécialisées.

Par exemple, les taux d'amortissement appliqués le plus souvent sont :
- bâtiments commerciaux : 2 % à 5 % ;
- bâtiments industriels : 5 % ;
- immeubles à usage de bureaux : 4 % ;
- maisons d'habitation : 1 % à 2,5 % ;
- matériel : 10 % à 15 % ;
- outillage : 10 % à 20 % ;
- automobiles et matériel roulant : 20 % à 25 % ;

...

...

- mobilier : 10 % ;
- matériel de bureau : 10 % à 20 % ;
- micro-ordinateurs : 33,33 % ;
- agencements et installations : 5 % à 10 % ;
- brevets, certificats d'obtention végétale : 20 %.

L'entreprise peut déroger aux usages mais elle doit démontrer que les caractéristiques particulières du bien à amortir, ou les conditions particulières de son utilisation, justifient cette dérogation (par exemple, une utilisation intensive du bien).

La fraction de l'amortissement reconnue excessive est ajoutée au résultat imposable.

Les différents types d'amortissement

La loi fiscale prévoit trois modes de calcul de l'amortissement :

- **L'amortissement linéaire**

L'annuité de l'amortissement est identique sur toute la durée de la période. Elle est calculée en multipliant la base de calcul de l'amortissement par le taux qui a été retenu.

Exemple

Une entreprise acquiert un matériel, utilisable pour une durée de 5 ans, pour un prix de 20 000 €.

Le taux d'amortissement est donc de 20 % et l'annuité se monte à 20 000 × 20 % = 4 000 €.

L'année de l'acquisition, l'annuité est calculée à partir de la date de la mise en service. Ainsi, si le bien est mis en service le 1er octobre, l'annuité est : 4 000 × 270/360 = 3 000 € (car, par mesure de simplification, il est admis un calcul en fonction d'une année de 12 mois de 30 jours). Un calcul symétrique est fait l'année de la cession.

- **L'amortissement dégressif**

Ce dispositif, plus favorable pour les entreprises, constitue une incitation fiscale à l'investissement.

La loi donne une liste limitative des biens qui peuvent bénéficier de cette forme particulière d'amortissement : d'une manière générale, il s'agit de matériels industriels, de bâtiments industriels dont la durée d'utilisation

...

...

n'excède pas 15 ans, de matériels de bureau, ainsi que de certains investissements hôteliers.

Ce régime est réservé aux biens acquis neufs (afin de privilégier les investissements nouveaux) et dont la durée d'utilisation est d'au moins 3 ans.

En ce qui concerne le calcul, les annuités ne sont pas constantes au cours de la période : les premières annuités sont importantes et, ensuite, leur montant diminue. Concrètement, le taux de l'amortissement est multiplié par un coefficient fixé par la loi ; à partir de la 2e année, ce taux majoré est appliqué à la valeur résiduelle du bien.

Le montant du coefficient dépend de la durée d'utilisation du bien. Les coefficients sont actuellement les suivants :

- 1,25 si la durée fiscale d'amortissement est de 3 ou 4 ans ;
- 1,75 si cette durée est de 5 ou 6 ans ;
- 2,25 si cette durée est supérieure à 6 ans.

Exemple

Reprenons l'exemple précédent en supposant que le matériel en cause remplit les conditions pour bénéficier de l'amortissement dégressif.

Le taux d'amortissement linéaire est donc de 20 % et le coefficient applicable est 1,75. Le taux de l'amortissement dégressif est donc : 20 % × 1,75 = 35 %.

Calcul de la première annuité : 20 000 × 35 % = 7 000 ; mais le bien a été acquis le 1er octobre (ici, petites différences avec l'amortissement linéaire, on prend en compte la date d'acquisition et non celle de la mise en service, et on compte en mois). La première annuité est donc 7 000 × 9/12 = 5 250.

La valeur résiduelle du bien est : 20 000-5 250 = 14 750.

Calcul de la deuxième annuité : 14 750 × 35 % = 5 162,5, arrondi à 5 163 (unité supérieure).

Valeur résiduelle du bien : 14 750 – 5 163 = 9 587.

Calcul de la troisième annuité : 9 587 × 35 % = 3 355,45, arrondi à 3 355 (unité inférieure).

Valeur résiduelle du bien : 6 233.

...

...

Calcul de la quatrième annuité : elle devrait être normalement de 6 233 × 35 % = 2 181 (arrondi). Mais l'entreprise peut déduire une annuité calculée en faisant le rapport entre la valeur résiduelle et le nombre d'années restant à courir jusqu'à la fin de la période d'amortissement (ici 2 années), car ce chiffre est supérieur à l'annuité qui serait calculée si on suivait le mode de calcul des années précédentes.

La quatrième annuité est donc : 6 233/2 = 3 116 (arrondi) et un calcul identique est effectué pour la cinquième et dernière annuité.

Le total des amortissements est : 5 250 + 5 163 + 3 355 + 3 116 + 3 116 = 20 000.

■ Les amortissements exceptionnels

La loi prévoit plusieurs dispositifs destinés à favoriser les investissements considérés comme particulièrement importants. Le champ d'application de ces régimes de faveur a été réduit en raison des impératifs budgétaires.

Les cas les plus notables sont les suivants :

- Les entreprises qui acquièrent un logiciel peuvent procéder à l'amortissement intégral de celui-ci sur douze mois.
- Les PME qui construisent ou font construire, avant le 1er janvier 2014, des immeubles à usage industriel ou commercial pour les besoins de leur exploitation dans les zones de revitalisation rurale ou de redynamisation urbaine peuvent pratiquer, à l'achèvement des constructions, un amortissement exceptionnel égal à 25 % du prix de revient.
- Des matériels destinés à économiser l'énergie et ceux destinés à la protection de l'environnement acquis avant le 1er janvier 2011, peuvent faire l'objet d'un amortissement exceptionnel sur 12 mois.

■ L'amortissement minimal

La somme des amortissements effectivement pratiqués depuis l'acquisition ou la création d'un élément donné ne peut être inférieure, à la clôture de chaque exercice, au montant des amortissements calculés suivant le système linéaire et répartis sur la durée normale d'utilisation. À défaut de se conformer à cette obligation, l'entreprise perd définitivement le droit de déduire la fraction des amortissements qui a été ainsi différée.

Cette exigence fiscale renvoie aux règles commerciales et comptables qui obligent les entreprises à comptabiliser les amortissements en vue d'assurer la sincérité de la comptabilité.

...

...

En pratique

En pratique, cela signifie que si l'entreprise applique le système de l'amortissement dégressif, elle peut différer la déduction d'une fraction de son annuité, dès lors que la somme des annuités est bien égale à la somme des annuités calculées selon le mode linéaire. Là encore, on peut faire le lien avec la comptabilité : le plan comptable distingue les amortissements techniques – qui correspondent à la dépréciation du bien –, des amortissements dérogatoires – qui correspondent aux amortissements fiscalement déductibles et qui excèdent l'amortissement technique (par exemple, si l'entreprise pratique l'amortissement dégressif).

Les provisions

Il faut définir les provisions avant de déterminer leur régime fiscal.

Savoir définir les provisions

Les provisions sont des notions comptables utilisées par la réglementation fiscale et les définitions adoptées dans les deux branches du droit sont proches.

D'une manière générale, les provisions sont des anticipations de dépenses ou de charges, qui apparaissent probables à la fin d'un exercice mais qui ne se réaliseront effectivement que durant un exercice suivant. À la différence des amortissements, les provisions sont destinées à faire face à des charges ou à des dépréciations qui ne sont pas nécessairement irréversibles.

Le régime fiscal des provisions

Les provisions sont des charges déductibles du résultat. La loi fiscale pose des conditions à la déduction. De plus, comme on vient de l'indiquer, les charges ou les dépréciations qui font l'objet des provisions ne sont pas nécessairement irréversibles. Dans certains cas, la déduction peut donc être remise en cause.

Conditions générales de déduction des provisions

Conditions de fond :

- Les pertes et les charges provisionnées doivent être elles-mêmes déductibles du bénéfice imposable. Cette condition est logique puisque la provision est une anticipation de déduction.

- La perte ou la charge doit être nettement précisée. Cette condition exclut en principe la constitution des provisions forfaitaires : les pertes et les charges doivent être individualisées quant à leur nature et leur montant (l'utilisation de méthodes d'évaluation statistiques est cependant admise, mais l'évaluation doit être effectuée avec une approximation suffisante).
- La perte ou la charge doit être probable. L'appréciation de la probabilité de la charge est délicate en pratique : la probabilité se situe entre la certitude et l'éventualité. Une charge certaine peut figurer dans les charges d'exploitation normales de l'exercice (notamment à titre de frais à payer). En revanche, les charges simplement éventuelles ne peuvent faire l'objet d'une déduction, ni au titre des charges normales, ni au titre des provisions. La distinction entre la probabilité et l'éventualité présente donc un intérêt pratique très important. L'administration fiscale a présenté comme suit les critères de la distinction : « La probabilité doit être distinguée de la simple éventualité en ce sens qu'elle est établie par des circonstances précises particulières, alors que l'éventualité résulte d'un simple risque d'ordre général. Par ailleurs, il n'y a pas lieu de constituer une provision lorsque la perte ou la charge envisagée est, non pas probable, mais certaine à la fois dans son principe et dans son montant » (Précis DGI n° 1153).
- La probabilité de la charge doit résulter d'événements en cours à la clôture de l'exercice.

Les provisions qui ne remplissent pas ces conditions ne sont pas déductibles du résultat imposable.

Conditions de forme :

Les provisions doivent être comptabilisées.

Une formalité fiscale est prévue : les provisions doivent figurer sur un tableau annexé à la déclaration de résultats. À défaut, une amende est applicable : elle est fixée à 5 % des sommes non déclarées (ramenée à 1 % si les provisions omises sont déductibles) et elle est due au titre du seul exercice de mise en évidence de l'infraction.

Remises en cause éventuelles des déductions

a) La situation la plus fréquente est que la perte ou la charge qui a fait l'objet de la provision se réalise. Dans ce cas, la fiscalité suit la comptabilité :

la charge est déduite et la provision est ajoutée au résultat (opération appelée reprise de provision).

Si la perte ou la charge effective est égale au montant de la provision qui avait été constituée, l'opération est neutre.

Dans l'hypothèse où la perte ou la charge est supérieure au montant de la provision, l'excédent de la charge est déductible des bénéfices de l'exercice au cours duquel la charge est constatée.

Dans l'hypothèse où la perte ou la charge est inférieure au montant de la provision, l'excédent de la provision doit être rapporté aux résultats imposables au même titre que toute provision devenue sans objet.

b) Une provision devient sans objet lorsque la perte ou la charge qu'elle était destinée à couvrir ne se réalise pas. Tel est le cas, par exemple, d'une provision pour créance douteuse dans l'hypothèse où le débiteur redevient solvable et règle sa dette.

Dans cette situation, la provision est ajoutée au résultat imposable de l'exercice durant lequel elle est devenue sans objet.

c) Une provision est détournée de son objet lorsqu'elle reçoit, en tout ou partie, une affectation autre que la compensation de la perte ou de la charge en vue de laquelle elle a été constituée. Par exemple, une entreprise a utilisé une provision pour créances douteuses pour régler des compléments d'impôts sur les sociétés. Le montant de cette provision est ajouté au résultat imposable.

Les différentes catégories de provisions

Provisions pour dépréciation

Elles permettent de constater – et de déduire – la dépréciation d'éléments d'actifs non amortissables, tels que les fonds de commerce (par exemple, une entreprise peut déduire une provision pour dépréciation d'un fonds de commerce reçu en apport dès lors qu'elle constate à la clôture d'un exercice que le chiffre d'affaires et les résultats correspondants ont notablement diminué par rapport à ceux enregistrés à la clôture de l'exercice précédant) ou les titres figurant à l'actif du bilan de l'entreprise.

On trouve également les provisions pour dépréciation de stocks et les provisions pour dépréciation de créances (lorsque leur recouvrement est douteux ; à ne pas confondre avec la créance non acquise).

Plus rarement, une entreprise qui constate, par suite d'événements en cours à la clôture de l'exercice, une dépréciation non définitive d'un élément de son actif immobilisé, peut constituer une provision alors même que ce bien est amortissable (le Conseil d'État l'admit pour une société de production de films qui avait acquis des droits sur un film qui n'eut pas de succès malgré la présence de Sophie Marceau !).

Provisions pour risques

Les provisions pour risques sont, par exemple, des provisions pour litige (si la condamnation de l'entreprise apparaît probable) ou lorsque l'entreprise s'est portée caution (dans l'intérêt de l'exploitation).

Provisions pour charges

Les provisions pour charges sont, par exemple, des provisions pour impôts, pour dépenses de personnel (dépenses résultant d'engagements fermes pris par l'entreprise ou charges liées à des licenciements). Le Code général des impôts prévoit une très importante exception : ne sont pas déductibles les provisions que constitue une entreprise en vue de faire face au versement d'allocations, en raison du départ à la retraite ou préretraite des membres ou anciens membres de son personnel, ou de ses mandataires sociaux. Mais ces charges sont, en principe, déductibles (sous certaines conditions) des résultats de l'exercice au cours duquel elles sont effectivement engagées.

L'entreprise peut également constituer des provisions pour des dépenses qui, en raison de leur nature et de leur importance, doivent, en bonne gestion, être réparties sur un certain nombre d'exercices (exemple : provisions pour grosses réparations).

Provisions pour pertes

Elles concernent des opérations plus complexes dans lesquelles l'entreprise peut anticiper des charges, mais elle peut aussi espérer des produits (par exemple, à l'occasion d'une restructuration). Dans ce cas, le montant de la provision déductible est limité à la différence entre ces pertes prévisibles et les produits qui peuvent être anticipés.

Provisions réglementées ou provisions fiscales

Il ne s'agit pas de véritables provisions au sens comptable du terme (elles sont considérées comme des réserves sur le plan comptable), mais la loi fiscale permet néanmoins leur déduction.

Leur portée pratique s'est beaucoup réduite au cours des dernières années (pour des raisons budgétaires). On peut citer, par exemple, la provision pour hausse des prix (en cas de hausse de plus de 10 % des prix de matières, produits ou approvisionnements existant en stock à la clôture de chaque exercice).

Le passage du résultat comptable au résultat fiscal

Comme on l'a déjà indiqué, le résultat comptable est affecté d'un certain nombre de correctifs, qui permettent de déterminer le résultat fiscal qui servira de base de calcul à l'impôt.

Les entreprises doivent procéder à ces correctifs dans un tableau annexé à leur déclaration de résultats.

Trois catégories de correctifs existent.

Les réintégrations (augmentations du résultat comptable)

On ajoute au bénéfice comptable de l'entreprise, tel qu'il résulte du compte de résultat, des sommes déduites pour sa détermination mais dont la déduction n'est pas autorisée par la loi fiscale.

Il s'agit, par exemple, des rémunérations allouées à l'exploitant individuel, des amortissements non déductibles, des impôts non déductibles.

Les déductions (diminutions du résultat comptable)

Il s'agit de sommes non déduites pour la détermination du résultat comptable mais dont la déduction est autorisée par la loi fiscale (exemple : des suppléments d'amortissements).

Sont également déduits des profits qui sont imposables selon un régime particulier et qui sont donc isolés (notamment les plus-values : voir chapitre 7).

Les exonérations et les abattements sur les bénéfices

La loi fiscale prévoit divers régimes de faveur. Il s'agit notamment des dispositifs suivants.

Les exonérations et abattements dont bénéficient certaines entreprises

Les entreprises nouvelles

Elles bénéficient, sous certaines conditions (elles doivent par exemple être implantées dans les zones dites « d'aides à finalité régionale »), d'une exonération totale des bénéfices réalisés pendant les 24 mois suivant celui de leur création, puis d'un abattement de 75 %, 50 % et 25 % sur les bénéfices réalisés au cours de chacune des 3 périodes de 12 mois suivantes.

Les sociétés créées pour la reprise d'entreprises industrielles en difficulté

Les sociétés créées entre le 16 décembre 2003 et le 31 décembre 2013, pour la reprise d'entreprises ou d'établissements industriels en difficulté, peuvent bénéficier d'une exonération d'impôt sur les sociétés, à raison des bénéfices réalisés au cours de leurs 24 premiers mois d'activité, sous réserve du respect de certaines conditions.

Les jeunes entreprises innovantes

Ce statut est accordé aux PME créées depuis moins de 8 ans et qui engagent au cours de chaque exercice des dépenses de recherche et de développement représentant au moins 15 % de leurs charges fiscalement déductibles. Elles bénéficient d'une période d'exonération totale des bénéfices pendant 12 mois, suivie d'une période d'abattement de 50 % pendant 12 mois.

Les régimes de faveur prévus pour les entreprises implantées dans certaines zones

Ces zones sont délimitées par des textes spéciaux.

Les zones franches urbaines

L'exonération est réservée aux PME qui emploient au plus 50 salariés au 1er janvier 2006 ou à la date de leur création et qui réalisent un chiffre d'affaires inférieur à 10 M € ou ont un total de bilan inférieur à 10 M €.

Pour les activités créées à compter du 1er janvier 2012, les entreprises qui emploient au moins un salarié doivent remplir les conditions leur permettant d'être exonérées de cotisations sociales patronales. Il en résulte qu'à partir de la deuxième embauche, ces entreprises doivent employer au moins 50 % de salariés résidant en zone franche urbaine (ZFU) ou en zone urbaine sensible (ZUS).

Le régime de faveur consiste en une exonération totale d'impôt sur les bénéfices pendant 5 ans. À l'issue de cette période, un abattement est appliqué sur le montant des bénéfices.

- 60 % pour les bénéfices réalisés au cours des sixième à dixième années ;
- 40 % pour les bénéfices réalisés la onzième et la douzième année ;
- 20 % pour les bénéfices réalisés au cours de la treizième et de la quatorzième année.

Les zones de revitalisation rurale

Les entreprises créées ou reprises entre le 1er janvier 2011 et le 31 décembre 2013 dans les zones de revitalisation rurale sont totalement exonérées d'impôt sur le revenu ou d'impôt sur les sociétés pendant 5 ans, puis elles bénéficient d'un abattement sur leurs bénéfices de 75 % la sixième année, 50 % la septième année et 25 % la huitième année.

Les déficits

Le sort des déficits est différent selon le régime fiscal auquel est soumise l'entreprise :

Entreprises soumises à l'impôt sur le revenu

Les déficits sont déductibles du revenu global du foyer fiscal, à condition qu'ils résultent d'une activité exercée à titre professionnel. Les déficits provenant d'activités exercées à titre non professionnel ne peuvent donc être déduits du revenu global : le but est de lutter contre des mécanismes de défiscalisation consistant pour des contribuables à prendre des participations dans des activités commerciales qui génèrent des déficits fiscaux (par exemple, des montages de financement d'activités hôtelières).

Entreprises imposables à l'impôt sur les sociétés

Ces déficits peuvent être reportés selon deux mécanismes : soit, le report en avant sur les bénéfices des années ultérieures, soit le report en arrière sur le bénéfice de l'exercice précédent.

Report en avant

En cas de déficit subi pendant un exercice, ce déficit est considéré comme une charge de l'exercice suivant (ce qui suppose la réalisation d'un correctif extra-comptable). Il est déduit du bénéfice réalisé pendant cet exercice dans la limite d'un montant de 1 M € majoré de 50 % du montant correspondant au bénéfice imposable qui excède la somme de 1 M €.

Si ce bénéfice n'est pas suffisant pour que la déduction puisse être intégralement opérée, l'excédent du déficit est reporté dans les mêmes conditions sur les exercices suivants.

EXEMPLE

Soit une entreprise qui :

- au titre de l'exercice clos en N, a subi un déficit d'un montant de 2 000 000 € ;
- en N +1, elle réalise un bénéfice égal à 1 500 000 €.

Compte tenu du plafonnement de l'imputation des déficits antérieurs :

- le déficit antérieur imputable sur N +1 est de 1 250 000 € (1 000 000 € + (50 % × 500 000 €)) ;
- et le bénéfice taxable au titre de l'exercice clos en N +1 sera égal à 250 000 € (1 500 000 € – 1 250 000 €).

Report en arrière

Ce dispositif s'applique sur option de la société.

Le déficit constaté durant un exercice est déductible du bénéfice de l'exercice précédent, pour un montant maximum de 1 M €.

EXEMPLE

Une société passible dont le bénéfice de l'exercice clos en 2010 est de 1 500 000 €.

Elle déclare un résultat fiscal déficitaire au 31 décembre 2011 de 3 000 000 €.

Ce résultat fiscal déficitaire ne peut être imputé que sur le bénéfice 2010.

L'imputation ne pouvant excéder 1 000 000 €, la société ne pourra reporter en arrière que 1 000 000 €. Le reliquat de 2 000 000 € demeure reportable en avant (voir les modalités du report en avant).

Le bénéfice imposable de 2010 sera donc de 1 500 000 – 1 000 000 = 500 000 €.

La société a trop payé, elle dispose donc d'une créance sur le Trésor public égale à 333 300 € (1 000000 × 33 1/3 %). Cette créance pourra être utilisée pour le paiement de l'impôt des années suivantes : la fraction de la créance non utilisée est remboursable au terme d'un délai de 5 ans.

Le calcul de l'impôt

Il faut distinguer le régime de l'impôt sur le revenu et celui de l'impôt sur les sociétés. Dans les deux cas, les entreprises peuvent bénéficier de crédits d'impôt ou de réductions d'impôt qui viennent en diminution de l'impôt lui-même.

L'impôt sur le revenu

Pour les entreprises soumises à l'impôt sur le revenu, le bénéfice imposable relève de la catégorie des bénéfices industriels et commerciaux, et il est ajouté aux autres revenus perçus par les membres du foyer fiscal. Ce revenu global est soumis à l'impôt calculé en fonction du barème progressif.

L'impôt sur les sociétés

Le taux normal de l'impôt sur les sociétés est fixé à 33,1/3 %.

Les petites et moyennes entreprises bénéficient de plein droit d'un taux réduit de 15 % sur une fraction de leur bénéfice. Le montant du bénéfice imposable au taux de 15 % est limité à 38 120 € par période de douze mois.

Les sociétés les plus importantes doivent acquitter des contributions additionnelles :

- contribution sociale de 3,3 % (calculée sur le montant de l'impôt sur les sociétés) due par les sociétés dont l'impôt excède 763 000 € ;
- contribution sur l'impôt sur les sociétés, applicable aux sociétés réalisant un chiffre d'affaires supérieur à 250 millions € (contribution égale à 5 % de l'impôt sur les sociétés).

Les crédits d'impôt et les réductions d'impôt

Ces dispositifs sont très nombreux et variés ! On en compte plus de vingt. Envisageons les plus importants d'entre eux.

Crédit d'impôt recherche

L'ensemble des entreprises peuvent en bénéficier, qu'elles soient soumises à l'impôt sur le revenu ou à l'impôt sur les sociétés.

Le crédit d'impôt est calculé sur les dépenses affectées à la réalisation d'opérations de recherche scientifique et technique. Concrètement, ces dépenses comprennent essentiellement : les amortissements des immobilisations affectées aux opérations de recherche ; les rémunérations des personnels affectés à ces opérations ; les dépenses de fonctionnement (elles sont calculées forfaitairement et fixées à 50 % des dépenses de personnel et à 75 % de la dotation aux amortissements) ; les frais de prise, de maintenance et de défense des brevets ; les dépenses de veille technologique ; le coût des opérations de recherche sous-traitées (avec des règles particulières de calcul et, notamment, un plafonnement).

Le crédit d'impôt s'élève à 30 % de la fraction des dépenses de recherche n'excédant pas 100 M € et à 5 % au-delà de ce seuil.

Le crédit est imputé sur l'impôt – impôt sur le revenu ou impôt sur les sociétés – dû par l'entreprise au titre de l'année au cours de laquelle les dépenses de recherche ont été exposées.

Si le montant du crédit ainsi calculé dépasse le montant de l'impôt, la fraction excédentaire non imputée constitue une créance sur l'État (non imposable), qui peut être utilisée pour le paiement de l'impôt dû au titre des trois années suivant celle au titre de laquelle elle est constatée. La fraction non utilisée à l'expiration de cette période est remboursée.

Les entreprises qui répondent à la définition communautaire des PME peuvent demander le remboursement immédiat de la créance. Il en est de même des entreprises nouvelles, des jeunes entreprises innovantes et des entreprises ayant fait l'objet d'une procédure de sauvegarde, d'un redressement ou d'une liquidation judiciaire.

Crédit d'impôt innovation

Ce crédit d'impôt, réservé aux petites et moyennes entreprises, s'applique aux dépenses concourant à la « conception de prototypes ou d'installations pilotes de nouveaux produits ». Il est calculé au taux de 20 % dans la limite d'un plafond de dépenses de 400 000 € (le montant du crédit d'impôt est donc, au maximum, de 80 000 €).

Crédit d'impôt apprentissage

Il est de 1 600 € par apprenti (2 200 € pour les apprentis handicapés).

Crédit d'impôt pour la formation du chef d'entreprise

Il est égal au produit du nombre d'heures de formation (plafonné à 40 heures par an) par le taux horaire du SMIC.

Crédit d'impôt pour dépenses de prospection commerciale

Les PME soumises à l'impôt sur les sociétés peuvent bénéficier de ce crédit d'impôt si elles recrutent une personne affectée au développement des exportations. Le crédit d'impôt s'élève à 50 % des dépenses exposées dans les 24 mois qui suivent l'embauche ; il est plafonné à 40 000 €.

Crédit d'impôt pour la compétitivité et l'emploi

Toutes les entreprises peuvent bénéficier de ce crédit d'impôt. Il est calculé, au taux de 4 % en 2013 (ultérieurement, ce taux sera porté à 6 %), sur le montant des rémunérations, n'excédant pas 2,5 fois le SMIC, versées à compter du 1er janvier 2013. Les modalités d'utilisation de ce crédit d'impôt sont comparables à celles prévus pour le crédit d'impôt recherche.

Les particularités applicables aux petites entreprises

Régime micro BIC

Il est applicable aux entreprises dont le chiffre d'affaires (hors taxe) n'excède pas 81 500 € (pour les activités de ventes de marchandises) ou 32 600 € (pour les prestations de services).

Les contribuables concernés déclarent leur chiffre d'affaires et le bénéfice imposable est calculé par l'administration en appliquant un abattement forfaitaire au montant du chiffre d'affaires ; l'abattement est de 71 % pour les activités de ventes et de 50 % pour les prestations de services (voir aussi chapitre 1, le régime des auto-entrepreneurs).

Régime simplifié

Ce régime concerne les entreprises dont le chiffre d'affaires (hors taxe) n'excède pas 777 000 € (ventes de marchandises) ou 234 000 € (prestations de services). Les exploitants placés sous le régime du micro BIC peuvent opter pour ce régime simplifié.

Le résultat est calculé en application des règles de droit commun (ce qui peut permettre de faire apparaître, le cas échéant, un déficit, d'où l'intérêt d'opter pour ce régime).

Les simplifications concernent la comptabilisation de certaines charges et des stocks. De plus, sous certaines conditions, une option pour la tenue d'une comptabilité super-simplifiée est possible. Par exemple, les entreprises dont le chiffre d'affaires n'excède pas 156 000 € (ventes de marchandises) ou 55 000 € (prestations de services) sont dispensées de produire un bilan.

Les activités internationales

Le régime fiscal de ces activités est fixé par le droit interne français et par les conventions fiscales internationales que la France a conclues avec de nombreux pays (environ 120 conventions sont actuellement en vigueur). Il faut donc combiner ces deux séries de dispositions.

Savoir articuler les dispositions du droit interne et les stipulations des conventions fiscales internationales

Un raisonnement en deux étapes est mené pour définir le régime fiscal d'une opération à caractère international.

- Il faut, en premier lieu, examiner la situation au regard de la loi interne française : s'il s'avère qu'en application de la loi française, l'opération n'est pas imposable en France, il n'est pas nécessaire d'examiner la situation au regard de la convention fiscale. En effet, la convention a pour but d'éviter la double imposition ; celle-ci ne peut évidemment intervenir si on considère que l'imposition n'est pas applicable en France.
- En revanche, s'il apparaît que l'imposition est applicable en France, les stipulations de convention fiscale doivent être examinées : si la convention fiscale attribue le droit d'imposer à l'État étranger, l'imposition française est abandonnée, ce qui permet d'éviter la double imposition. En effet, en droit français, la convention a une force juridique supérieure aux lois internes (article 55 de la Constitution).

Le droit interne français

La loi française consacre le principe de territorialité, mais des dérogations sont prévues, notamment pour lutter contre la fraude et l'évasion fiscale internationale.

En pratique

Le régime de la territorialité et ses dérogations

Les bénéfices imposables sont déterminés « en tenant compte uniquement des bénéfices réalisés dans les entreprises exploitées en France » (article 209 du Code général des impôts). Il s'ensuit que les bénéfices réalisés par des sociétés françaises dans des entreprises exploitées à l'étranger ne sont pas imposables en France (ces bénéfices sont imposables à l'étranger). Mais elles ne peuvent pas non plus déduire en France les déficits subis à l'étranger, sauf dérogations.

...

En pratique

...

Par dérogation au principe de territorialité, les PME sont autorisées, sous certaines conditions, à déduire, à titre provisoire, de leur résultat imposable d'un exercice, les déficits subis par leurs succursales ou filiales étrangères au cours du même exercice. Les déficits déduits doivent être rapportés aux résultats imposables des exercices suivants lorsque les implantions à l'étranger deviennent bénéficiaires ou, au plus tard, à l'issue d'un délai de cinq ans. Ce régime a pour but de faciliter l'implantation de PME françaises à l'étranger.

On peut noter que ce principe de territorialité ne s'applique pas dans les autres grands pays industriels, qui appliquent, en général, le régime dit du bénéfice mondial (imposition des bénéfices réalisés dans le monde, avec des dispositifs destinés à éviter les doubles impositions).

La lutte contre la fraude et l'évasion fiscale internationale

Pour l'essentiel, les procédés de fraude ou d'évasion consistent à transférer des bénéfices de la France vers d'autres pays dans lesquels le taux de l'impôt est inférieur au taux applicable en France. Bien entendu, la France (comme tous les autres pays) tente de lutter contre ces transferts. La législation se montre plus sévère à l'égard des transferts vers les paradis fiscaux.

En pratique

Les prix de transferts

Il s'agit des prix pratiqués dans les transactions effectuées entre entreprises associées situées dans des États différents (on utilise également l'expression entreprises dépendantes, mais la signification est identique). Ces opérations doivent faire l'objet d'une surveillance particulière de la part des administrations fiscales : en effet, on peut suspecter ces entreprises de pratiquer des conditions de prix anormales, qui conduisent à des transferts de bénéfices vers l'autre État.

Par exemple, si une entreprise ayant son siège en France pratique des prix de vente minorés ou des prix d'achats majorés à l'égard d'entreprises associées situées dans un autre État, la conséquence est la diminution du bénéfice imposable en France et la majoration du bénéfice imposable dans l'État étranger. Il y a donc bien transfert de bénéfice vers l'étranger.

...

...

L'évasion fiscale se produit lorsque le taux de l'impôt applicable à l'étranger est inférieur au taux en vigueur en France. Bien sûr, pour les groupes internationaux, ces pratiques peuvent être assimilées à de la gestion ou de la planification fiscale !

Tous les États ont prévu des dispositions destinées à lutter contre ces pratiques. Mais l'efficacité de la lutte suppose qu'une coopération fiscale internationale s'instaure. L'ébauche de cette coopération existe au sein d'organisations internationales, telles que l'OCDE.

Les mesures prévues pour lutter contre les transferts anormaux de bénéfices

Le Code général des impôts français prévoit une disposition générale destinée à réprimer les transferts anormaux de bénéfices vers l'étranger (article 57). Ce texte confère un pouvoir général à l'administration fiscale : « Pour l'établissement de l'impôt sur le revenu dû par les entreprises qui sont sous la dépendance ou qui possèdent le contrôle d'entreprises situées hors de France, les bénéfices indirectement transférés à ces dernières, soit par voie de majoration ou de diminution des prix d'achat ou de vente, soit par tout autre moyen, sont incorporés aux résultats accusés par les comptabilités. »

L'application de ce texte est donc subordonnée à deux conditions : la dépendance entre les entreprises et le transfert de bénéfices.

La dépendance entre les entreprises

Pour rappel, selon l'administration fiscale, des liens de dépendance sont réputés exister entre deux entreprises :

- lorsque l'une détient directement ou par personne interposée la majorité du capital social de l'autre ou y exerce le pouvoir de décision ;
- lorsqu'elles sont placées l'une et l'autre sous le contrôle d'une même tierce entreprise.

Point important en pratique : la condition de dépendance ou de contrôle n'est pas exigée lorsque le transfert s'effectue avec des entreprises établies dans un État étranger ou dans un territoire situé hors de France dont le régime fiscal est privilégié (c'est-à-dire un paradis fiscal, voir ci-dessous). En effet, dans cette hypothèse, il faut laisser plus de possibilités de contrôle à l'administration fiscale car le transfert apparaît bien comme une évasion fiscale.

Le transfert de bénéfices

La rédaction de l'article 57 est très large et permet d'englober toute une série d'opérations; par exemple: des achats ou des ventes à des prix anormaux, des redevances d'un montant excessif, des avances ou des prêts à des taux anormaux…

Mise en œuvre de la procédure

Lorsque les deux conditions sont remplies, la procédure se déroule en deux étapes:

- Dans un premier temps, l'administration fiscale démontre l'existence d'un avantage accordé par la société établie en France à la société établie à l'étranger et elle ajoute au bénéfice imposable en France le bénéfice transféré à l'étranger.
- Mais, en réponse, la société peut combattre la présomption de transfert de bénéfices en démontrant que l'avantage consenti à la société étrangère a une contrepartie (par exemple, un prix plus bas est consenti en vue de garantir ses débouchés). Dans ce cas, l'opération est considérée comme normale et le bénéfice imposable en France n'est pas rectifié.

Les transferts de bénéfices vers les paradis fiscaux

La législation française prévoit de nombreuses mesures destinées à lutter contre les transferts de bénéfices vers les paradis fiscaux. Mais il faut, au préalable, identifier les pays qui peuvent être considérés comme des paradis fiscaux.

Savoir identifier les paradis fiscaux

Il est bien difficile de donner une définition générale d'un paradis fiscal: il s'agit d'une notion relative. Finalement, pour un pays donné, un paradis fiscal c'est un autre pays dans lequel les impôts sont nettement moins élevés que dans le premier pays.
De plus – et cela complique encore plus l'identification des paradis fiscaux –, une société ne peut décider d'une implantation dans un pays (ou d'un transfert de bénéfices) en fonction de la seule législation fiscale applicable dans ce pays. Les sociétés doivent prendre en considération d'autres éléments.

•••

...

On peut citer, par exemple (sans être exhaustif) : une législation protégeant le secret bancaire ; l'existence d'un bon système de communications avec le reste du monde ; des facilités permettant aux non-résidents des transferts aisés de capitaux (ce qui implique l'absence de contrôle des changes et l'existence d'une infrastructure juridique, financière et bancaire relativement perfectionnée) ; la volonté politique d'attirer des capitaux étrangers ; la stabilité politique du pays.

En réalité, en combinant ces critères, on s'aperçoit que les paradis fiscaux les plus attractifs sont souvent de grands États et pas de petits confettis perdus au milieu des océans...

Pour l'application de la législation fiscale, la loi française donne une définition précise de ces paradis fiscaux. Deux grandes catégories de paradis fiscaux sont prévues. Mais il faut souligner que cette expression communément utilisée ne figure pas expressément dans la loi.

La première catégorie regroupe les **États ou territoires à fiscalité privilégiée**, définis comme suit par le Code général des impôts : « Les personnes sont regardées comme soumises à un régime fiscal privilégié dans l'État ou le territoire considéré si elles n'y sont pas imposables ou si elles y sont assujetties à des impôts sur les bénéfices ou les revenus dont le montant est inférieur de plus de la moitié à celui de l'impôt sur les bénéfices ou sur les revenus dont elles auraient été redevables dans les conditions de droit commun en France, si elles y avaient été domiciliées ou établies. » Il s'agit donc d'un critère quantitatif : celui de la moitié.

La deuxième catégorie regroupe les **États ou territoires non coopératifs**, qui sont ainsi définis : « Sont considérés comme non coopératifs, à la date du 1er janvier 2010, les États et territoires non membres de la Communauté européenne dont la situation au regard de la transparence et de l'échange d'informations en matière fiscale a fait l'objet d'un examen par l'Organisation de coopération et de développement économiques et qui, à cette date, n'ont pas conclu avec la France une convention d'assistance administrative permettant l'échange de tout renseignement nécessaire à l'application de la législation fiscale des parties, ni signé avec au moins douze États ou territoires une telle convention. »

Huit États seulement sont classés dans cette catégorie : l'intérêt pratique est assez limité car il s'agit d'États avec lesquels nous avons peu de relations (exemples : le Guatemala, le Botswana...).

Les mesures destinées à lutter contre les paradis fiscaux

Les États ou territoires à fiscalité privilégiée

Trois séries de mesures sont prévues :

Une sévérité accrue pour les transferts financiers vers ces États ou territoires

Un certain nombre de dépenses faites par des sociétés françaises au profit de personnes établies dans un de ces États sont présumées résulter d'opérations fictives et elles ne sont donc pas admises en déduction pour le calcul du bénéfice imposable en France. Il s'agit, notamment, des « intérêts, arrérages et autres produits des obligations, créances, dépôts et cautionnements, les redevances de cession ou concession de licences d'exploitation, de brevets d'invention, de marques de fabrique, procédés ou formules de fabrication et autres droits analogues ou les rémunérations de services » (article 238 A du Code général des impôts).

Pour combattre cette présomption légale (et pour pouvoir par conséquent déduire ces charges), la société française doit apporter une double preuve : que les dépenses correspondent à des opérations réelles et qu'elles ne présentent pas un caractère anormal ou exagéré.

Une possibilité d'imposer les bénéfices réalisés dans des filiales ou établissements implantés dans ces États ou territoires

La loi vise la situation suivante : une société est établie en France et elle exploite directement une entreprise dans un de ces États ou détient plus de 50 % d'une entité juridique (notamment une société) établie dans un de ces États. Dans ce cas, les bénéfices réalisés par cette entité juridique sont réputés constituer un revenu imposable de la société établie en France dans la proportion des actions, parts ou droits financiers qu'elle détient directement ou indirectement.

Mais ces dispositions ne sont pas applicables « si l'entreprise ou l'entité juridique est établie ou constituée dans un État de la Communauté européenne » (article 209 B du Code général des impôts). Il s'agit bien sûr de respecter le principe de la libre circulation et de la liberté d'établissement au sein de l'Union européenne. Mais nul n'ignore qu'il existe pourtant de vrais paradis fiscaux au sein de l'UE (entre autres, le Luxembourg).

Bien entendu, la société peut apporter la preuve contraire, lui permettant d'échapper à l'imposition en France : elle doit établir que l'exploitation de l'entreprise ou la détention des actions, parts, droits financiers ou droits de vote de l'entité juridique ne peut être regardée comme constitutive d'un montage artificiel dont le but sera de contourner la législation fiscale française. C'est-à-dire, en clair, que dans l'implantation est réalisée une exploitation industrielle ou commerciale effective.

Prestation de service réalisée en France mais payée à une personne domiciliée à l'étranger

Le montage visé est le suivant : un prestataire de services (qui est souvent un artiste ou un sportif) réalise une prestation en France mais la rémunération de cette prestation est payée à une personne domiciliée ou établie hors de France. Dans cette situation, sous certaines conditions, la rémunération sera néanmoins imposable en France. Parmi les cas d'imposition en France, le Code général des impôts vise la situation suivante : « lorsque la personne qui perçoit la rémunération des services est domiciliée ou établie dans un État étranger ou un territoire situé hors de France où elle est soumise à un régime fiscal privilégié » (article 155 A du Code général des impôts).

Les États ou territoires non coopératifs

Des mesures fiscales sévères sont prévues pour les implantations dans ces États et pour les transferts de bénéfices vers ces États (par exemple, des retenues à la source à un taux élevé, l'exclusion du bénéfice de certains régimes fiscaux de faveur...).

Les conventions fiscales internationales

Ces conventions (qui sont des traités internationaux bilatéraux, conclus entre la France et un autre État) ont un double objet : éviter les doubles impositions et lutter contre la fraude et l'évasion fiscale internationale.

Les conventions ont des contenus souvent très proches, car elles s'inspirent d'un modèle élaboré par l'OCDE et qui est largement repris par les négociateurs des conventions.

Le contenu d'une convention

Le champ d'application

La convention s'applique aux résidents de chacun des deux États. On peut noter que dans la définition de la résidence, la nationalité joue un rôle secondaire. La raison en est la suivante : il est normal que les étrangers résidant dans un pays contribuent, par l'impôt, au financement des services publics ; mais il est également logique que les étrangers jouissent des mêmes droits que les nationaux, en matière fiscale.

La convention énumère les impôts pour lesquels elle évite les doubles impositions. Pour l'essentiel, les conventions s'appliquent à l'impôt sur le revenu, à l'impôt sur les sociétés, à l'impôt de solidarité sur la fortune et, pour quelques-unes d'entre elles, aux droits de mutation à titre gratuit.

Le partage de l'imposition

Pour chaque catégorie de revenus ou de bénéfices, la convention attribue le droit d'imposition à l'un des deux États. L'autre État ne peut pas imposer et c'est ainsi que sont évitées les doubles impositions internationales.

S'agissant des bénéfices réalisés par des entreprises, le droit d'imposer est attribué à l'État sur le territoire duquel l'entreprise dispose d'un établissement stable. Cette notion est ainsi définie : « Installation fixe d'affaires par l'intermédiaire de laquelle une entreprise réalise tout ou partie de son activité ». Il s'agit, par exemple, d'une succursale, d'une usine, d'un atelier, d'un chantier important.

La coopération administrative internationale

Cette coopération permet, notamment, de lutter contre la fraude et l'évasion fiscale internationale.

Trois séries de dispositifs sont prévues :

- Les échanges de renseignements. Depuis quelques années, on s'efforce de limiter la possibilité pour des États de refuser un renseignement pour un motif tenant au secret bancaire, mais des progrès restent encore à faire en la matière.
- L'assistance au recouvrement intervient dans les situations suivantes : un contribuable doit un impôt dans un État A mais est domicilié dans un État B. L'administration de l'État A peut demander à l'administration de

...

...

En pratique

l'État B d'assurer le recouvrement de l'impôt et ensuite, elle restituera le produit recouvré à l'État A.

■ La procédure amiable : comme son nom l'indique, elle permet de résoudre des difficultés à l'amiable, par exemple, dans des cas de doubles impositions que les autres articles de la convention ne permettent pas d'éviter.

Les obligations des sociétés

Les sociétés sont soumises à diverses formalités, notamment le dépôt de déclarations de résultats et le paiement de l'impôt.

En pratique

Les obligations déclaratives et le paiement de l'impôt sur les sociétés

La déclaration des résultats, accompagnée des documents annexes, doit en principe être souscrite dans les trois mois qui suivent la clôture de chaque exercice.

L'impôt sur les sociétés est calculé par la société elle-même et versé spontanément au comptable public du lieu du dépôt de la déclaration de résultats.

La société doit d'abord acquitter des acomptes trimestriels (15 mars, 15 juin, 15 septembre, 15 décembre), calculés d'après les résultats du dernier exercice clos à la date de leur échéance. Chaque acompte est égal au quart de l'impôt liquidé sur ce résultat. La société peut réduire le montant de ses acomptes (ou même s'abstenir d'acquitter certains d'entre eux) si elle estime que son résultat baissera (mais elle s'expose à une pénalité en cas d'insuffisance de versements).

À la fin de l'exercice, la société doit calculer l'impôt dû sur les résultats de l'exercice et elle doit acquitter, le cas échéant, le solde de l'impôt.

Faites le point

- Le résultat imposable est calculé à partir du résultat comptable. Celui-ci est affecté de correctifs, en plus ou en moins, afin de parvenir à la base de calcul de l'impôt.
- Il faut examiner les différents postes de produits et de charges afin de déterminer les modalités d'application de la loi fiscale.
- Ensuite, le résultat comptable est modifié en procédant à des réintégrations et à des déductions.
- L'impôt est calculé en multipliant le taux par la base d'imposition, en déduisant, le cas échéant, des crédits d'impôt.
- Des assouplissements sont prévus pour le calcul du résultat imposable des petites entreprises.
- Des règles particulières sont prévues pour l'imposition des résultats issus des activités internationales. La loi française prévoit l'application du principe de territorialité, c'est-à-dire en limitant l'imposition aux activités effectuées dans des entreprises exploitées en France. Des mesures particulières sont prévues pour lutter contre la fraude et l'évasion fiscales internationales.

Se tester

	vrai	faux
1 ■ Pour le calcul du résultat imposable, on prend en compte les créances acquises.	■	■
2 ■ Les stocks sont évalués au prix de revient ou au cours du jour si celui-ci est inférieur au prix de revient.	■	■
3 ■ L'administration fiscale peut mettre en cause la gestion de l'entreprise pour modifier le résultat imposable.	■	■
4 ■ Les immobilisations incorporelles ne sont pas amortissables.	■	■
5 ■ La déduction des provisions peut être remise en cause si la charge provisionnée ne se réalise pas.	■	■
6 ■ Le déficit d'une société peut être reporté en arrière sur les bénéfices des trois exercices précédents.	■	■
7 ■ Les entreprises qui effectuent de la recherche peuvent bénéficier d'un crédit d'impôt.	■	■
8 ■ Pour les bénéfices réalisés par des entreprises, le droit d'imposer est attribué à l'État sur le territoire duquel l'entreprise dispose d'un établissement stable.	■	■

(Réponses p. 65)

À VOUS DE JOUER

1. Vous êtes le comptable d'une petite société. Le chef d'entreprise vous transmet les éléments suivants de sa comptabilité et vous demande de calculer le résultat imposable.

> Ventes : 10 millions €

> Achats : 8,5 millions €

> Intérêts d'emprunt : 140 000 €

> Immeuble : prix de revient : 1 000 000 €

> > Amortissable en 20 ans

> Matériel : 50 000 €

> > Amortissable en 5 ans (selon le régime de l'amortissement linéaire)

Le recouvrement d'une créance de 70 000 € est douteux à concurrence de la moitié de son montant.

2. Vous êtes le consultant d'une importante société. Elle envisage de créer une filiale à l'étranger car elle estime que les coûts de production y sont plus favorables. Elle détiendrait 90 % du capital de la filiale.

Elle sait que les bénéfices de la filiale seront imposables dans l'autre pays, dans lequel le taux de l'impôt sur les sociétés est inférieur à celui en vigueur en France (pour autant, le pays d'implantation ne peut être considéré comme un paradis fiscal ; il est d'ailleurs situé dans l'Union européenne). La société mère implantée en France vendra un certain nombre d'éléments de fabrication à sa filiale implantée à l'étranger.

La société vous demande de lui indiquer les risques fiscaux que peut présenter un tel projet.

Nos conseils

1. Il faut, en premier lieu, examiner le montant des produits, notamment les ventes, en s'assurant qu'il s'agit bien de créances acquises.

> Montant des produits imposables : 10 000 000 €

> Charges déductibles :

> > Achats : 8 500 000 €

> > Intérêts d'emprunts : 140 000 € (s'assurer que l'emprunt a bien été contracté pour les besoins de l'exploitation)

> > Annuité d'amortissement de l'immeuble : 1 000 000/20 = 50 000 €

> Provision pour créance douteuse : 70 000/2 = 35 000 € (rappelons que si par la suite la totalité de la créance est recouvrée, cette provision sera réintégrée aux bénéfices de l'année du recouvrement)

> Total des charges déductibles : 8 725 000 €

> Montant du résultat imposable : 10 000 000 – 8 725 000 = 1 275 000 €

2. Dans ce dossier, se pose la question des prix de transfert. En effet, le taux de l'impôt étant inférieur dans le pays d'implantation de la filiale, il est tentant pour la société française de transférer des bénéfices de France vers l'étranger, en minorant le prix de vente des produits vendus à sa filiale.

Il faut commencer par vérifier que la filiale est bien sous la dépendance de la société mère. C'est le cas en l'espèce. La société française devra donc justifier que le prix de vente est un prix normal. La démonstration se fera notamment par comparaison avec les prix du marché. Si le marché n'existe pas pour ces éléments, le prix normal pourra être déterminé à partir du prix de revient du produit (auquel on ajoutera une marge commerciale normale).

Le cas échéant, la société pourra justifier un prix plus bas que le prix du marché si elle peut démontrer que ce prix moins élevé a une contrepartie commerciale, et notamment garantir les débouchés pour ces produits fabriqués en France.

On peut souligner au passage les difficultés pratiques auxquelles sont confrontés les conseils des entreprises, mais aussi l'administration fiscale dans le cadre de la lutte contre l'évasion fiscale internationale.

réponses

1 ▪ Vrai

Article 38-2 bis du Code général des impôts.

2 ▪ Vrai

Article 38-3 du Code général des impôts.

3 ▪ Faux

Sous réserve de l'application de la théorie de l'acte anormal de gestion.

4 ▪ Faux

Sous certaines conditions, ces immobilisations incorporelles peuvent être amorties.

5 ▪ Vrai

Article 39-1-5° du Code général des impôts.

6 ▪ Faux

Il peut être reporté sur les bénéfices de l'exercice précédent.

7 ▪ Vrai

C'est le crédit d'impôt recherche.

8 ▪ Vrai

Les conventions fiscales internationales définissent la notion d'établissement stable.

3 Les groupes de sociétés

Se poser les bonnes questions

La constitution de groupes de sociétés se rencontre très souvent. La fiscalité a évolué afin de tenir compte de cette réalité économique. Dès lors, on ne raisonne plus au niveau de la société considérée individuellement, mais on envisage le groupe dans son ensemble.

- Quelle est l'incidence de la constitution d'un groupe sur l'appréciation de la gestion normale ?
- Quelles sont les règles applicables aux relations entre les sociétés mères et leurs filiales ?
- Quelles sont les règles applicables aux groupes placés sous le régime de l'intégration fiscale ?
- Quels sont les intérêts de la présence de sociétés de personnes dans un groupe ?

La gestion fiscale normale du groupe

Une société est libre de sa gestion mais les opérations qu'elle effectue doivent s'inscrire dans le cadre d'une gestion normale (voir chapitre 2). Si une société est membre d'un groupe, elle ne peut justifier sa gestion par le seul intérêt du groupe ; elle doit apporter des éléments qui établissent qu'elle a poursuivi son propre intérêt.

Cependant, un certain assouplissement est admis dans les relations entre les sociétés membres d'un groupe et, notamment, dans les rapports entre une société mère et ses filiales. En effet, on constate souvent que l'intérêt propre de la société mère se confond largement avec l'intérêt du groupe. Mais le principe du rejet de la motivation par le seul intérêt du groupe est fréquemment rappelé par la jurisprudence fiscale.

Le régime des sociétés mères et filiales

Ce régime a pour but d'éviter une superposition d'impositions entre la société mère et les filiales.

La situation est la suivante : une filiale réalise des bénéfices qui sont imposables à l'impôt sur les sociétés. Après le paiement de cet impôt, elle distribue des dividendes à sa société mère. Si ces dividendes étaient imposés chez la société mère, il y aurait bien une superposition d'impositions entre l'impôt payé par la filiale et celui qui serait dû par la société mère.

Depuis longtemps le législateur a décidé de ne pas pénaliser ces structures : la loi prévoit donc l'exonération de ces dividendes, sous certaines conditions et dans certaines limites. On peut noter que ce régime a été étendu à tous les pays de l'Union européenne par une directive.

Les conditions d'application

Les sociétés participantes

Les sociétés mères bénéficiaires du régime spécial sont les personnes morales ou les organismes, quelle que soit leur nationalité, qui sont soumis, de plein droit ou sur option, à l'impôt sur les sociétés au taux normal sur tout ou partie de leur activité. La forme des filiales est sans incidence. Toutefois, l'administration a précisé que les sociétés de personnes non imposables à l'impôt sur les sociétés ne rentrent pas dans ce régime spécial.

Forme des titres de participation

Les titres doivent revêtir la forme nominative. Ils doivent être détenus en pleine propriété. Ils doivent être inscrits en comptes, tenus par la personne morale émettrice ou par un intermédiaire habilité.

Conservation des titres

Les titres doivent être conservés pendant deux ans.

Pourcentage de participation requis

Les titres de participation doivent en principe représenter au moins 5 % du capital (droits financiers et droits de vote) de la société émettrice, quel que soit leur prix de revient.

Le régime est applicable sur option

L'option doit être exercée pour l'ensemble des produits reçus d'une même filiale, mais le choix peut varier d'une filiale à l'autre. L'option est la plupart du temps avantageuse pour la société.

En pratique

Le régime des dividendes distribués par la filiale à la société mère

Les dividendes reçus d'une filiale sont exonérés chez la société mère. Mais une quote-part pour frais et charges égale à 5 % des dividendes est imposable.

Exemple

Au cours de l'exercice, une société mère reçoit 52 000 € de produits de filiales :

- dividende de 35 000 € d'une filiale française ;
- dividende net d'une filiale étrangère : 17 000 € (qui ouvre droit à un crédit d'impôt de 3 000 €, en raison de la retenue à la source qui a été pratiquée dans l'État du siège de la filiale).

Calcul de la quote-part pour frais et charges : 35 000 + (17 000 + 3 000) × 5 % = 2 750 €.

La société mère déduira de son résultat imposable : 52 000 – 2 750 = 49 250 €.

Il s'agit d'un correctif extra-comptable (voir chapitre 2).

Le régime de l'intégration fiscale

Le groupe est formé par une société mère et ses filiales. Ce dispositif est très utilisé car il n'est pas limité aux groupes importants; de nombreux groupes de PME ont adopté ce montage.

Le régime de l'intégration fiscale est fondé sur le principe suivant: sous certaines conditions, le résultat imposable est calculé en faisant la somme algébrique des résultats des différentes sociétés appartenant au groupe. Cette compensation entre les bénéfices et les déficits permet de réduire sensiblement la charge fiscale pesant sur le groupe.

Les conditions d'application

Les entreprises éligibles au régime de l'intégration fiscale

Les entreprises doivent être soumises à l'impôt sur les sociétés. Il en résulte une conséquence importante: les filiales étrangères ne peuvent pas figurer dans le groupe d'intégration fiscale (à la différence du régime applicable dans certains autres pays européens).

Par ailleurs, sauf exceptions, leurs exercices comptables doivent coïncider et ils doivent avoir une durée de douze mois (ce qui assure la cohérence pour le calcul de la somme algébrique des résultats).

Les conditions de détention du capital

Ces conditions se subdivisent en deux dispositions:

- La société mère ne doit pas être détenue à plus de 95 % par une (le singulier est important!) autre personne morale soumise à l'impôt sur les sociétés. Elle peut être détenue, même à plus de 95 %, par une société non soumise à l'impôt sur les sociétés et, notamment, par une société étrangère.
- La société mère doit détenir au moins 95 % du capital des filiales. Cette condition assure une grande cohésion au groupe.

Option formulée par la société mère

Si les conditions indiquées ci-dessus sont remplies, la société mère peut opter pour le régime de l'intégration fiscale.

Les modalités de l'option sont souples : la société mère doit notifier à l'administration fiscale la liste des filiales qu'elle souhaite voir figurer dans le groupe (autrement dit, elle n'est pas obligée de retenir toutes les filiales dont elle détient 95 % du capital). L'option est valable pour une durée de 5 exercices et elle est tacitement renouvelable, sauf dénonciation expresse notifiée par la société mère.

Le fonctionnement du groupe

La société mère est seule redevable de l'impôt sur les sociétés.

La société mère doit acquitter l'impôt sur les sociétés, les acomptes, ainsi que le cas échéant les contributions additionnelles (voir chapitre 2).

Cependant, les filiales demeurent soumises à toutes leurs autres obligations fiscales et notamment la souscription des déclarations (qui peuvent être vérifiées par l'administration fiscale). En effet, dans le système français, les filiales membres d'un groupe d'intégration fiscale conservent leur pleine personnalité juridique et fiscale. En conséquence, les sociétés membres du groupe doivent prévoir la répartition du poids de la charge fiscale à l'intérieur du groupe. Ainsi, la société mère acquitte l'impôt auprès du Trésor Public, mais les filiales peuvent, par exemple, lui rembourser la part d'impôt qui correspond à leur résultat. Les modalités de cette répartition de la charge fiscale sont prévues dans des contrats conclus entre les sociétés du groupe et appelés les conventions d'intégration. Il résulte de la jurisprudence que les groupes peuvent répartir à leur gré la charge d'impôt entre leurs membres, en déterminant librement le quantum de cette répartition. Toutefois, les stipulations des conventions d'intégration ne doivent pas porter atteinte ni à l'intérêt social propre de chaque société ni aux droits des associés ou des actionnaires minoritaires.

La base d'imposition est constituée par le résultat d'ensemble.

On peut distinguer trois étapes dans le processus de calcul et d'imposition de la base d'imposition :

- La détermination du résultat individuel des sociétés membres du groupe : la société mère et les filiales déterminent leurs résultats en appliquant les règles de droit commun (voir chapitre 2).

- La détermination du résultat d'ensemble : le résultat d'ensemble est calculé en faisant la somme algébrique des résultats individuels. Il faut ajouter deux séries de précisions :
  > Les déficits constatés avant l'entrée dans le groupe et qui restent encore reportables au moment de l'entrée ne sont pas concernés par la somme algébrique : ils ne sont imputables que sur les bénéfices réalisés par la même société.
  > Les opérations internes au groupe sont fiscalement neutralisées. Il en est ainsi pour les distributions intervenant entre les sociétés du groupe, les aides entre sociétés du groupe (subventions, abandons de créances), les cessions d'immobilisations entre sociétés du groupe. Ces dispositions sont importantes : elles permettent au groupe d'avoir une gestion fiscale plus simple. Donc, l'option pour l'intégration fiscale peut être intéressante même si le groupe n'a pas de filiales déficitaires.
- L'imposition du résultat d'ensemble : si ce résultat est bénéficiaire, il est imposé dans les conditions de droit commun. Si ce résultat est déficitaire, la société mère pourra appliquer le régime du report en avant ou du report en arrière (voir chapitre 2).

Savoir identifier les intérêts pratiques de l'intégration fiscale

Ce régime présente un double intérêt :

- la compensation des bénéfices et des pertes des sociétés membres du groupe permet de diminuer la base imposable ;
- la neutralisation fiscale des opérations internes au groupe permet également de diminuer le résultat d'ensemble et facilite la gestion fiscale du groupe.

Le manque à gagner pour le budget de l'État est donc important.

Il faut particulièrement souligner que le régime de l'intégration fiscale peut faciliter les rachats de sociétés. Le montage est le suivant :

Une société est constituée en vue de l'achat des parts d'une autre société (il s'agit souvent d'une *holding*). Cette société doit emprunter et elle paye des intérêts, qui sont fiscalement déductibles dans certaines limites (85 % ou 75 %, voir chapitre 2) prévues par la loi de finances pour 2013

...

...

(le régime français demeure sur ce point plus favorable que celui d'autres pays européens).

Pour faire face à ces charges financières, la société acheteuse reçoit des dividendes de la part de la société dont elle a racheté les parts et qui est donc devenue sa filiale. Or, ces dividendes sont exonérés de l'impôt sur les sociétés, en application du régime société mère-filiale. Le résultat fiscal de la société acheteuse est un déficit, car elle encaisse des produits exonérés et elle déduit des charges (les intérêts d'emprunt).

La société acheteuse doit acquérir 95 % au moins du capital de la société cible et elle pourra opter pour le régime de l'intégration fiscale. Ainsi, le déficit fiscal de la société acheteuse se compensera avec le bénéfice de la société cible et le résultat d'ensemble sera faible. Voilà un beau schéma d'optimisation fiscale, d'où des garde-fous prévus par la loi (notamment lorsque la société acheteuse est contrôlée par les mêmes personnes que la société rachetée, dispositif connu des praticiens sous le nom d'amendement Charasse).

Les groupes composés de sociétés soumises à l'IS mais aussi de sociétés de personnes

Divers montages existent (voir aussi le chapitre 1).

Des sociétés de capitaux sont membres d'une société de personnes

Cette société de personnes constitue une structure juridique intéressante pour organiser une coopération entre des sociétés (par exemple, pour la réalisation d'un chantier). Dans cette hypothèse, chacune des sociétés membres doit reprendre dans son résultat imposable à l'impôt sur les sociétés sa part dans les résultats de la société de personnes. L'intérêt est souvent de pouvoir reprendre immédiatement sa part dans les déficits (par exemple, au début de la réalisation du chantier).

Une société de capitaux a des filiales constituées sous forme de sociétés de personnes

La société de capitaux doit reprendre, sans son résultat imposable à l'impôt sur les sociétés, la part qui lui revient dans les résultats de chacune des filiales (selon l'expression familière, ces résultats « remontent » fiscalement vers la société de capitaux). La conséquence est que remontent aussi bien la part dans les bénéfices que la part dans les déficits, ce qui permet à la société de capitaux de réaliser une compensation (une sorte d'intégration fiscale officieuse, mais sans la neutralisation des opérations internes).

L'immobilier de l'entreprise figure dans une société civile immobilière

Il s'agit d'un montage fréquent : les immeubles appartiennent à une société civile immobilière qui les donne en location à l'entreprise. Souvent, l'entreprise et la société civile sont contrôlées par les mêmes personnes. Ce système présente l'intérêt de séparer des patrimoines. Par ailleurs, les loyers pourront être soumis à la TVA, ce qui permettra la déduction de la taxe ayant grevé le prix de revient de l'immeuble (voir chapitre 6).

Faites le point

- Le droit fiscal ne reconnaît pas l'intérêt du groupe, mais la théorie de l'acte anormal de gestion est appliquée avec une certaine souplesse dans les groupes.
- Le régime des sociétés mères et filiales permet d'assurer la neutralité fiscale des distributions de dividendes entre la filiale et la société mère.
- Le régime de l'intégration fiscale permet de faire la compensation des bénéfices et des déficits des sociétés membres du groupe.
- La présence de sociétés de personnes dans les groupes peut présenter divers intérêts, notamment pour la remontée des bénéfices et des pertes.

Se tester

	vrai	faux
1 ■ Pour bénéficier du régime des sociétés mères, la société doit détenir au moins 5 % du capital de la filiale.	■	■
2 ■ La société mère doit détenir les titres pendant au moins 3 ans.	■	■
3. La quote-part de frais et charges imposable dans le régime des sociétés mères et filiales est égale à 5 % du montant des dividendes.	■	■
4 ■ Pour bénéficier du régime de l'intégration fiscale, la société mère doit détenir au moins 95 % du capital des filiales.	■	■
5 ■ Dans le régime de l'intégration fiscale, la société mère ne doit pas être détenue à plus de 95 % par une société soumise à l'IS.	■	■
6 ■ Le régime de l'intégration fiscale n'a aucun intérêt si le groupe ne comprend aucune société déficitaire.	■	■
7 ■ Dans le régime de l'intégration fiscale, les reports déficitaires sont effectués par la société mère.	■	■
8 ■ La constitution de filiales sous forme de sociétés de personnes permet également de compenser les bénéfices et les déficits de plusieurs sociétés.	■	■

(Réponses p. 79)

À VOUS DE JOUER

Une société A souhaite acheter les parts d'une société B et constituer une société *holding* qui sera le véhicule de l'achat. Elle envisage d'appliquer le montage prévoyant l'effet de levier : les charges financières de la *holding* sont financées par les dividendes reçus de la part de la société rachetée.

Vous êtes le consultant de la société A et les dirigeants vous demandent de leur indiquer les solutions fiscales les plus favorables.

Nos conseils

Le régime fiscal de l'opération dépendra du pourcentage du capital de la société B que la *holding* constituée par la société A va acquérir.

Si elle acquiert moins de 5 % du capital, elle ne pourra bénéficier du régime des sociétés mères. Par conséquent, les dividendes qu'elle recevra de la société B seront imposables.

Si elle acquiert plus de 5 % du capital, elle pourra bénéficier du régime des sociétés mères. Dans ce cas, les dividendes reçus de la filiale seront exonérés (sous réserve de la quote-part de frais et charges de 5 %). Les intérêts de l'emprunt que la *holding* a contracté pour financer l'acquisition des parts seront déductibles. Les dividendes sont évidemment destinés au financement des charges financières (notamment, les intérêts d'emprunt). Par conséquent, la *holding* présentera un déficit fiscal. En effet, elle encaisse des produits exonérés (les dividendes) et elle déduit les intérêts d'emprunt (application des limites prévues par la loi de finances pour 2013, voir chapitre 2). La *holding* pourra donc reporter son déficit fiscal. Mais, du point de vue financier, cela ne présente pas un grand intérêt car elle n'aura jamais assez de bénéfices imposables pour absorber ce déficit (car la *holding* n'a en général aucune autre activité). On envisage parfois de faire absorber la *holding* par la société B, mais cette solution peut être risquée du point de vue du droit des sociétés et la loi fiscale ne permet pas le transfert du déficit de la *holding* vers la société B (voir chapitre 4 sur les restructurations d'entreprises).

La solution la plus efficace du point de vue fiscal consiste pour la *holding* constituée par la société A à acquérir au moins 95 % du capital de la société B et d'opter pour le régime de l'intégration fiscale. Dans ce cas, le déficit fiscal de la *holding* pourra se compenser avec le bénéfice de la société B. De plus, dans le cadre de la neutralisation fiscale des opérations internes au groupe, la quote-part de 5 % sur les dividendes distribués par la société B ne sera pas imposable.

Le montage peut donc s'avérer intéressant, encore faut-il, sur le plan financier, que la société rachetée génère suffisamment de bénéfices pendant un certain nombre d'années pour pouvoir faire face aux charges financières de la *holding*.

réponses

1 ▪ Vrai

Article 145 du Code général des impôts.

2 ▪ Faux

Elle doit les détenir pendant au moins 2 ans.

3 ▪ Vrai

Article 216 du Code général des impôts.

4 ▪ Vrai

Article 223 A du Code général des impôts.

5 ▪ Vrai

Article 223 A du Code général des impôts.

6 ▪ Faux

Le régime de l'intégration fiscale permet de « neutraliser fiscalement » les opérations internes au groupe.

7 ▪ Vrai

Article 223 C du Code général des impôts.

8 ▪ Vrai

Les sociétés de personnes sont « semi-transparentes » sur le plan fiscal (voir chapitre 1).

4 Les restructurations de sociétés

Se poser les bonnes questions

Les réorganisations ou les restructurations d'entreprises sont fréquentes. Elles peuvent être motivées soit par une amélioration des structures, soit par une volonté de croissance, soit pour faire face à certaines difficultés.

- Quelle sera la forme retenue pour effectuer la restructuration ?
- Quel est le régime fiscal des fusions de sociétés ?
- Quel est le régime fiscal des apports partiels d'actifs ?
- Quelles sont les conséquences fiscales d'une scission de société ?
- Quelles sont les incidences fiscales de la reprise d'une entreprise ?

Description des opérations

Plusieurs opérations peuvent affecter les sociétés : les fusions, les apports partiels d'actifs, les scissions, les reprises de sociétés.

La fusion

La fusion peut prendre la forme d'une fusion absorption ou d'une fusion avec création d'une société nouvelle. Les conséquences essentielles de cette opération sont les suivantes :

- la société absorbée est dissoute ;
- la fusion se traduit par une transmission universelle de patrimoine entre la société absorbée et la société absorbante ;

- les apports sont rémunérés par des titres de la société absorbante, qui sont attribués aux actionnaires de la société absorbée. Ces derniers bénéficient d'un échange de titres. La parité de l'échange est déterminée en fonction des valeurs respectives des deux sociétés. L'intérêt est que la société absorbante rémunère les apports par ses propres titres, elle n'est donc pas obligée de s'endetter pour acquérir la société absorbée.

En pratique

Les modalités d'une fusion absorption

La société A est absorbée par la société B.

A apporte l'ensemble de son actif et de son passif.

B procède à une augmentation de capital, créant ainsi de nouveaux titres qui seront attribués aux actionnaires de A. Pour ces derniers, l'opération peut se traduire par un échange de tires A contre des titres B, en fonction de la parité d'échange. Bien entendu, la société B ne fera pas une augmentation de capital si elle détient déjà la totalité du capital de la société A. Dans ce cas, elle procédera à une fusion simplifiée ou à une dissolution sans liquidation (appelée la TUP).

On peut également envisager la création d'une société nouvelle C, qui absorbe les sociétés A et B.

Du point de vue fiscal, ces opérations sont soumises au même régime.

L'apport partiel d'actif

L'apport partiel d'actif consiste en l'apport d'une branche complète d'activité, rémunéré par des titres de la société bénéficiaire de l'apport. Dans ce cas, la société apporteuse n'est pas dissoute puisqu'elle peut conserver d'autres branches d'activités. En fait, l'apport partiel d'actif peut être assimilé à une mini-fusion.

EXEMPLE

Une société A exploite deux branches d'activité. La branche n° 1 est apportée à une société B et cet apport est rémunéré par des titres B, qui sont attribués à la société A (qui les inscrit à l'actif de son bilan). La société A n'est pas dissoute (elle continuera à exploiter la branche n° 2).

La scission

Lorsqu'une société a plusieurs branches d'activité, elle peut également procéder à une scission. Chaque branche est apportée à une société distincte. La société scindée est dissoute et les apports sont rémunérés par des titres des sociétés bénéficiaires des apports. En fait, la scission est une fusion comportant plusieurs sociétés absorbantes.

EXEMPLE

Une société A exploite deux branches d'activité. La branche n° 1 est apportée à une société B et l'apport est rémunéré par des titres de B, qui sont attribués aux actionnaires de A. La branche n° 2 est apportée à une société C et l'apport est rémunéré par des titres de B, qui sont attribués aux actionnaires de A. La société A est dissoute.

On peut noter que l'apport partiel d'actif peut aboutir au même résultat que la scission ; d'où l'expression « apport-scission » parfois utilisée.

Le régime fiscal des fusions de sociétés

Il faut envisager les conséquences fiscales de la fusion au regard de chaque imposition concernée.

Du point de vue de l'impôt sur les sociétés

La loi fiscale s'efforce d'assurer la neutralité fiscale de cette opération, souvent qualifiée d'intercalaire. Cette neutralité est assurée lorsque s'applique le régime dit de faveur.

En pratique, il faut donc, dans un premier temps, déterminer si la fusion peut bénéficier de ce régime.

Savoir se placer dans le cadre du régime de faveur

- La fusion doit concerner exclusivement des personnes morales ou organismes passibles de l'impôt sur les sociétés (il s'agit de personnes morales qui entrent dans le champ d'application de l'impôt sur les sociétés, même si elles en sont expressément exonérées).
- L'opération doit constituer une véritable fusion. La loi fiscale donne une définition spécifique des fusions, qui englobe les dissolutions sans liquidation.
- En cas d'apport à une société étrangère, l'application du régime de faveur est subordonnée à l'obtention préalable d'un agrément délivré par l'administration fiscale.

La situation fiscale de la société absorbée

Les conséquences fiscales de la dissolution de la société absorbée

Les bénéfices qui n'ont pas encore été imposés deviennent imposables. Mais la plupart des fusions ont un caractère rétroactif. En effet, du point de vue juridique, la fusion intervient à la date de la dernière assemblée générale des sociétés. Cette date se situe évidemment en cours d'année ; donc, pour des raisons de commodité, on fait rétroagir la fusion au début de l'exercice, par exemple au 1er janvier.

EXEMPLE

Une fusion est réalisée juridiquement le 20 juin et l'acte de fusion prévoit qu'elle rétroagira au 1er janvier. Dans cette hypothèse, le résultat dit intercalaire (celui réalisé entre le 1er janvier et le 20 juin) doit être rattaché au résultat de la société absorbante.

Le sort des provisions figurant au bilan de la société absorbée

Elles ne sont ajoutées au résultat imposable que si elles deviennent sans objet. En réalité, cette hypothèse est rare, car la société absorbante reprend, en principe, dans sa comptabilité, les provisions qui avaient été constituées par la société absorbée. En effet, la société absorbante prend la suite de la société absorbée et elle doit normalement reprendre les droits et les obligations de la société absorbée. Elle doit également reprendre les provisions qui ne sont pas ajoutées au résultat de la société absorbée.

Le régime des plus-values d'apport

La loi fiscale est fondée sur une idée simple : les plus-values sont réalisées par la société absorbée mais celle-ci est exonérée de l'imposition. C'est la société absorbante qui paiera l'impôt à sa place. Au fond, il est assez logique que la société absorbée ne soit pas pénalisée puisqu'elle se fait absorber !

Il faut toutefois déterminer préalablement le montant de la valeur d'apport.

La détermination des valeurs d'apport

Sur ce point, les normes comptables – qui doivent être naturellement respectées par les sociétés – ont profondément évolué depuis 2004 (en vue de mettre fin à certains abus).

Deux hypothèses sont prévues :

- Les biens apportés doivent être transcrits à leur valeur comptable dans les opérations impliquant des sociétés placées sous contrôle commun, quel que soit le sens dans lequel elles sont réalisées (par exemple, fusion entre une société mère et une filiale ou entre deux sociétés contrôlées par une même société).
- Il en est de même des opérations impliquant des sociétés sous contrôle distinct, lorsqu'elles sont réalisées à l'envers (c'est-à-dire lorsque la société la moins importante absorbe la société la plus importante).

Dans tous les autres cas, les apports doivent être transcrits aux valeurs réelles. Il s'agit des fusions entre sociétés sous contrôle distinct, effectuées à l'endroit.

Du point de vue fiscal, la loi n'apporte aucune précision sur ce point, mais selon la doctrine administrative, les apports doivent être effectués à la valeur réelle. Par mesure de tolérance, les apports peuvent être effectués à la valeur nette comptable sous deux conditions : la fusion est placée sous le régime de faveur et la société absorbante doit reprendre les écritures comptables de la société absorbée.

En pratique, il faut donc faire coïncider la réglementation comptable et la réglementation fiscale. C'est ainsi que si, en application de la norme comptable, les apports doivent être faits à la valeur comptable, il faut se placer dans le cadre de la tolérance fiscale permettant de réaliser les apports à la valeur comptable.

Il faut ajouter deux observations :

- D'une part, en cas d'apport à la valeur comptable aucune plus-value n'apparaît (puisque la plus-value est égale à la différence entre la valeur d'apport et la valeur comptable).
- D'autre part, le calcul de la parité de l'échange des titres doit être calculé en fonction de la valeur réelle des deux sociétés.

La neutralité fiscale des apports

Techniquement, la neutralité fiscale est assurée de la manière suivante : les plus-values d'apport sont exonérées chez la société absorbée, sous réserve que la société absorbante prenne les engagements suivants dans l'acte de fusion (il faut distinguer trois hypothèses) :

- La société absorbante doit inscrire **les éléments relevant de l'actif circulant** pour la valeur qu'ils avaient dans les écritures de la société absorbée. En d'autres termes, la société absorbante sera imposée lors de la cession de ces biens.

EXEMPLE

> Un élément de l'actif circulant est inscrit pour 100 dans la comptabilité de la société absorbée. La société absorbante doit reprendre la valeur de 100 dans ses propres écritures. Si la société absorbante comptabilisait cet élément pour une valeur de 110, la différence – 10 – devrait être ajoutée à son résultat imposable.

- **Pour les éléments non amortissables** (les titres, le fonds de commerce, les terrains), la société absorbante doit s'engager à calculer les plus-values de cessions ultérieures à partir de la valeur qu'avait le bien dans les écritures de la société absorbée.

EXEMPLE

> Un bien non amortissable figure pour une valeur de 100 dans la comptabilité de la société absorbée.
>
> Ce bien est apporté pour une valeur de 120. La plus-value d'apport de 20 est exonérée chez la société absorbée. Lorsque la société absorbante vendra le bien

(quel que soit le délai qui s'écoulera), pour un prix de 150, la plus-value sera de 150-100 = 50. On voit donc que la charge de l'impôt sur la plus-value de 20 est bien transférée de la société absorbée vers la société absorbante.

- Les plus-values d'apport sur **éléments amortissables** sont également exonérées chez la société absorbée, mais elles sont réintégrées dans les bénéfices de la société absorbante.

Savoir déterminer la période de réintégration des plus-values d'apport d'éléments amortissables

Par exemple, la plus-value d'apport sur un bien amortissable (matériels, constructions) est de 40. Cette plus-value est exonérée chez la société absorbée. Elle est ajoutée au bénéfice imposable de la société absorbante. Cette réintégration de la plus-value peut être étalée (sur une durée variable selon la nature des éléments apportés – 5 ans, 15 ans – pour les constructions, ou sur la durée moyenne pondérée d'amortissement des constructions si le pourcentage de la plus-value globale afférente aux constructions par rapport à la plus-value totale à réintégrer excède 90 %).

La situation fiscale de la société absorbante

La société absorbante a des obligations et en contrepartie, elle dispose de droits.

Les obligations de la société absorbante

Pour l'essentiel, elles concernent le régime des plus-values d'apport exposé ci-dessus : la charge fiscale est transférée de la société absorbée vers la société absorbante.

La société absorbante doit joindre des documents à sa déclaration, permettant à l'administration fiscale de vérifier l'application de ces obligations.

Les droits de la société absorbante

Amortissements

Les amortissements sont calculés sur la valeur d'apport.

Le transfert du déficit de la société absorbée

Le déficit de la société absorbée qui reste reportable au moment de la fusion peut être transféré, sur agrément, à la société absorbante.

Les conditions d'obtention de l'agrément ont été durcies en 2012 : la fusion doit être justifiée du point de vue économique, les activités à l'origine des déficits doivent être conservées pendant 3 ans et ne doivent pas faire l'objet de changements significatifs. De plus, ces déficits ne doivent pas provenir d'activités financières.

L'exonération du boni de fusion

Avant la fusion, chacune des deux sociétés peut avoir des participations dans le capital de l'autre société. Du fait de la fusion, ces participations doivent être annulées. Si la valeur des titres, au moment de l'annulation, est supérieure à la valeur d'acquisition, apparaît une plus-value appelée bon de fusion. Dans le cadre du régime de faveur, ce boni de fusion est exonéré.

En pratique

Le régime fiscal du mali de fusion

Il résulte également de l'annulation des participations, mais son régime n'est pas symétrique de celui du boni ! En fait, on distingue deux catégories de mali.

1. Le mali technique (ou faux mali)

Il apparaît lorsque les apports sont effectués à la valeur comptable et lorsque la valeur des titres de la société absorbée figurant à l'actif de la société absorbante est supérieure à l'actif net comptable apporté.

Exemple

La société absorbante B a inscrit à l'actif de son bilan des titres de la société A pour une valeur de 100.

L'actif net de A correspondant à la participation de B a une valeur comptable de 80 (la raison est qu'il y a sans doute des plus-values latentes chez la société A et celles-ci ne sont pas comptabilisées).

Au moment de la fusion, les titres A figurant au bilan de B sont annulés et la société B doit constater l'apport de 80. D'où l'écriture comptable :

80

20 mali technique

100

...

...

On peut remarquer que si les apports sont effectués à la valeur réelle, le mali technique n'apparaît pas, car dans ce cas, il faut tenir compte des plus-values latentes pour déterminer la valeur réelle de l'apport (voir ci-dessus la détermination des valeurs d'apport).

On constate que ce mali est bien un faux mali, puisqu'il correspond à une augmentation du fonds commercial. D'où la conséquence fiscale : le mali technique n'est pas déductible.

2. Le vrai mali

Il correspond à un complément de dépréciation de la participation détenue par la société absorbante dans le capital de la société absorbée.

Exemple

Une société B acquiert des parts d'une société A pour un prix de 7 millions. La société B absorbe la société A ; elle annule sa participation et elle constate que cette participation a une valeur de 6 millions.

La différence (1 million) est bien une dépréciation, c'est-à-dire un vrai mali. Il est déductible à condition, selon la jurisprudence et la doctrine administrative, que ces titres aient été acquis à des conditions normales (c'est-à-dire que le prix d'achat n'a pas été anormalement surévalué). Dans l'exemple, il faudrait, pour que la déduction soit admise, que le prix d'acquisition de 7 millions soit un « prix normal » (correspondant à la véritable valeur des titres au moment de l'acquisition).

Passif supérieur à la valeur de l'actif apporté

Cette situation se rencontre essentiellement lorsque la société absorbante détient la totalité du capital de la société absorbée.

L'excédent du passif sur l'actif n'est pas déductible sur le plan fiscal.

Du point de vue des droits d'enregistrement

Régime général

Il est perçu un droit fixe de 375 € porté à 500 € pour les sociétés ayant un capital d'au moins 225 000 €.

En pratique

Les apports de titres (fusions à l'anglaise)

La fusion dite à l'anglaise est une offre publique d'échange de titres.

Par exemple, une société B veut contrôler une société A. Elle propose aux actionnaires de A d'apporter leurs titres, en les échangeant contre des titres B. Si le montant des apports de titres est suffisant, la société B contrôlera la société A. Le gros avantage de cette forme de fusion est que la société contrôlée (la société A) n'est pas dissoute, ce qui rend l'opération beaucoup plus simple du point de vue juridique, comptable et fiscal.

Sous certaines conditions, le régime général est applicable à ces opérations : les apports de titres doivent porter sur 75 % au moins du capital et la société bénéficiaire des apports doit s'engager à conserver les titres apportés pendant au moins 5 ans.

Du point de vue de la TVA

La loi fiscale assure la neutralité fiscale de l'opération en prévoyant la dispense de TVA pour les cessions intervenant dans le cadre du transfert d'une universalité totale ou partielle de biens entre deux redevables de la TVA. Les fusions rentrent donc dans le cadre de ces dispositions si les deux sociétés sont bien redevables de la TVA, ce qui est souvent le cas.

La dispense de TVA a un double effet : la taxe n'est pas due, mais la société est traitée comme si elle avait acquitté la taxe, c'est-à-dire qu'elle est également dispensée des régularisations de déductions (voir chapitre 6).

L'application de la contribution économique territoriale est examinée dans le chapitre 7.

La situation fiscale des actionnaires de la société absorbée

Les actionnaires de la société absorbée se voient proposer un échange entre leurs titres et les tires de la société absorbante, remis en rémunérations des apports. L'attribution de ces titres n'est pas considérée comme un revenu distribué imposable.

La plus-value éventuellement dégagée lors de l'échange bénéficie d'un différé d'imposition. En effet, tant que les titres remis en échange n'ont pas été vendus, les intéressés ne disposent pas des fonds. La plus-value deviendra donc imposable au moment de la cession des titres remis en échange.

Deux mécanismes techniques sont prévus :

- Le report d'imposition applicable lorsque les titres figurent à l'actif du bilan d'une entreprise. Il est facultatif : il est accordé sur demande présentée par le contribuable. En effet, l'entreprise n'a pas toujours intérêt à le demander, notamment si elle a subi une moins-value qui pourra compenser cette plus-value.
- Le sursis d'imposition (automatique) qui s'applique aux titres détenus par des particuliers.

Les apports partiels d'actif

L'idée générale est simple : sous certaines conditions, le régime des fusions est applicable à ces opérations, pour les différentes catégories d'impôts.

Du point de vue de l'impôt sur les sociétés

Le régime fiscal des fusions est applicable dans deux séries d'hypothèses :

- La société peut solliciter et obtenir un agrément administratif qui lui permet de bénéficier du régime de faveur.
- Mais, sous certaines conditions, le régime de faveur des fusions est applicable sans agrément.

Deux séries de conditions sont posées par la loi fiscale :

- L'apport doit porter sur une branche complète d'activité ou sur des éléments assimilés.

Savoir identifier une branche complète d'activité

L'apport doit porter sur une branche complète d'activité. Il s'agit d'un ensemble capable de fonctionner de manière autonome, du point de vue de l'organisation.

Les éléments assimilés à des branches complètes d'activité sont des apports de titres. L'apport doit être important (portant, notamment, sur plus de 50 % du capital ou sur 30 % si la société bénéficiaire de l'apport devient le premier actionnaire de la société dont les titres sont apportés). Le fondement de la loi est de favoriser la prise de contrôle des sociétés.

- Engagements de la société apporteuse ; celle-ci doit prendre un double engagement :
  > conserver pendant 3 ans les titres remis en contrepartie de l'apport (elle peut cependant les apporter dans les 3 ans dans le cadre d'une fusion ou d'un apport partiel d'actif) ;
  > calculer la plus-value de cession de ces titres à partir de la valeur qu'avaient les biens apportés dans ses propres écritures comptables.

EXEMPLE

La branche apportée était comptabilisée pour une valeur de 100 chez la société apporteuse.

La valeur d'apport est de 120 (donc les titres de la société bénéficiaire de l'apport remis en rémunération sont inscrits dans la comptabilité de la société apporteuse pour 120). Si les titres sont vendus pour 150, la plus-value sera 150 – 100 = 50

Du point de vue des droits d'enregistrement

Le régime des fusions est applicable aux apports de branches complètes d'activité.

Du point de vue de la TVA

La dispense prévue pour les fusions est applicable aux apports partiels d'actif.

Les scissions de sociétés

Là encore, le régime des fusions est applicable sous certaines conditions.

Du point de vue de l'impôt sur les sociétés

Les scissions bénéficient du régime de faveur des fusions sur agrément délivré par l'administration fiscale. Ce régime est applicable sans agrément, notamment lorsque les actionnaires de la société scindée s'engagent à conserver pendant 3 ans les titres remis en contrepartie de l'apport (cette obligation ne concerne que les actionnaires qui ont disposé du pouvoir de décision pour la scission).

Du point de vue des droits d'enregistrement

Le régime des fusions est applicable aux scissions.

Du point de vue de la TVA

La dispense de TVA est applicable aux scissions.

Les reprises d'entreprises

Il faut distinguer selon que la reprise porte sur une entreprise individuelle ou sur une société.

Cession d'une entreprise individuelle

La cession totale ou partielle (si l'entreprise a plusieurs branches d'activité) entraîne l'imposition immédiate des bénéfices non encore taxés à la date de l'événement.

Reprise d'une société

Les procédures des fusions (ou assimilées) peuvent être utilisées et, dans ces hypothèses, s'appliquent les dispositions exposées ci-dessus. Mais la reprise peut consister plus simplement en un achat des parts de la société.

Droits d'enregistrement

L'acquéreur des parts ou des actions doit acquitter un droit d'enregistrement : voir chapitre 8.

Impôt sur les sociétés

Le point essentiel, dans ce genre d'opérations, est d'examiner si cette opération entraîne ou non la cessation de l'entreprise reprise.

Les conséquences fiscales de la cessation d'entreprise

On peut en retenir trois :

- l'imposition immédiate des bénéfices non encore taxés ;
- l'imposition des plus-values latentes (cependant, elles ne sont pas imposables à la double condition qu'aucune modification ne soit apportée aux écritures comptables et que l'imposition de ces plus-values demeure possible dans la nouvelle société) ;
- la perte du droit au report des déficits.

La cessation d'entreprise a donc des conséquences importantes.

Les opérations qui n'entraînent pas la cessation d'entreprise

C'est le cas de la seule cession, même massive, des droits sociaux. En l'absence d'événements complémentaires (voir ci-dessous, les restructurations de la société reprise), cette cession n'est pas constitutive d'une cessation.

De même, aux termes de la loi fiscale, le transfert de siège dans un autre État membre de la Communauté européenne n'entraîne pas en tant que tel les conséquences fiscales d'une cessation d'entreprise (art. 221-2 du Code général des impôts).

Les opérations qui entraînent la cessation d'entreprise

Deux séries d'hypothèses peuvent se rencontrer.

Changement de régime fiscal

Si la société cesse d'être soumise à l'impôt sur les sociétés (notamment, si elle est transformée en société de personnes), les conséquences de la cessation s'appliquent et les associés sont imposables sur leur part dans le boni de liquidation (assimilée à un revenu distribué).

La société reprise fait l'objet de restructurations

Il est fréquent que des changements soient apportés aux structures et aux activités de la société reprise. Dans cette situation, la question centrale porte souvent sur la possibilité – ou non – de reporter les déficits de la société reprise. Cette possibilité est évidemment un paramètre important pour apprécier le coût global du rachat.

Bien sûr, il faut encourager les reprises de sociétés, mais il faut veiller à éviter les abus : des repreneurs – peu scrupuleux – qui seraient tentés de reprendre la société uniquement pour pouvoir déduire les déficits. D'où la relative complexité de la loi fiscale (surtout depuis 2012, parallèlement au durcissement du transfert des déficits en cas de fusions de sociétés).

Le principe général est le suivant : « Le changement de l'objet social ou de l'activité réelle d'une société emporte cessation d'entreprise » (art. 221-5 du Code général des impôts). La survenance de l'un de ces événements entraîne donc la perte du droit au report du déficit, ce qui permet de lutter contre des transferts abusifs de déficits (dans le petit monde des fiscalistes, ce texte est appelé l'amendement Tapie !).

Ce texte a été complété et précisé en 2012. Désormais, il y a également cessation d'entreprise en cas de disparition des moyens de production nécessaires à la poursuite de l'exploitation pendant une durée de plus de 12 mois, sauf en cas de force majeure, ou lorsque cette disparition est suivie d'une cession de la majorité des droits sociaux.

La loi a précisé la définition du changement d'activité réelle d'une société. Il s'agit de l'adjonction ou de l'abandon d'activités qui représentent plus de 50 % du chiffre d'affaires, ou de l'effectif moyen du personnel, et du montant brut des éléments de l'actif immobilisé de la société.

Mais il ne faut pas décourager les reprises de sociétés, même si ces conditions sont remplies, car les restructurations sont souvent indispensables pour la survie des sociétés. La loi précise que ces opérations ne sont pas considérées comme des cessations d'entreprises, sur agrément délivré par le ministre chargé du budget, lorsque ces opérations « sont indispensables à la poursuite de l'activité à l'origine des déficits et à la pérennité des emplois ».

Le compromis entre les nécessités économiques et le souci de lutter contre les abus est donc subtil !

Faites le point

- Les restructurations peuvent prendre la forme de fusions, d'apports partiels d'actif ou de scissions.
- La règle générale est que la loi fiscale s'efforce de rendre cette opération neutre du point de vue fiscal. Il s'agit donc d'opérations intercalaires.
- Pour les reprises de sociétés, la loi fiscale recherche un compromis entre les nécessaires encouragements aux reprises en vue de préserver l'emploi et les indispensables mesures de contrôle permettant d'éviter des abus, notamment dans l'utilisation des déficits.

Se tester

		vrai	faux
1	■ Les dissolutions sans liquidation sont assimilées à des fusions du point de vue de l'impôt sur les sociétés.	■	■
2	■ Les biens apportés doivent être transcrits à leur valeur comptable dans les opérations impliquant des sociétés placées sous contrôle commun.	■	■
3	■ Le mali technique est déductible.	■	■
4	■ Les apports en cas de fusion peuvent être soumis à la TVA.	■	■
5	■ Dans les apports partiels d'actifs, la société apporteuse doit s'engager à conserver pendant 3 ans les titres remis en contrepartie de l'apport.	■	■
6	■ Le transfert de siège dans un autre État membre de la Communauté européenne n'entraîne pas en tant que tel les conséquences fiscales d'une cessation d'entreprise.	■	■
7	■ Un changement profond d'activité peut entraîner les conséquences d'une cessation d'activité.	■	■

(Réponses p. 102)

À VOUS DE JOUER

Une société A est absorbée par une société B.

Les dirigeants vous demandent de déterminer le régime fiscal des plus-values d'apport. Il est précisé que les conditions d'application du régime de faveur sont remplies et que les apports sont effectués à la valeur réelle.

L'actif de la société A se compose comme suit :

> d'un stock comptabilisé pour 100000 € mais qui a une valeur marchande de 300000 € ;

> d'un compte clients de 200000 € mais qui a été provisionné à hauteur de 50000 € (clients douteux) ;

> construction 1 : pour une valeur comptable de 10 millions € (amortissable sur une durée de 30 ans) ;

> construction 2 : pour une valeur comptable de 800000 € (amortissable sur une durée de 20 ans) ;

> terrains : 100000 € qui ont fait l'objet d'une provision pour dépréciation de 20000 € ;

> matériel pour une valeur comptable de 40000 € (amortissable sur 5 ans).

Valeurs d'apport :

> stock : 300000 € ;

> clients : 120000 € ;

> construction 1 : 15 millions € ;

> construction 2 : 1 million € ;

> terrains : 75000 € ; ce terrain est ensuite cédé par la société B pour une valeur de 110000 € ;

> matériel : 45000 €.

Nos conseils

Il faudrait, tout d'abord, s'assurer que les conditions d'application du régime de faveur sont bien remplies (en l'espèce, on supposera qu'elles sont remplies) et que les apports doivent bien être transcrits à leur valeur réelle en application de la réglementation comptable (on supposera que c'est le cas en l'espèce).

Il faut ensuite envisager distinctement les apports des différents biens :

Éléments de l'actif circulant

Selon la loi fiscale, la société B devrait inscrire ces éléments pour la valeur qu'ils avaient, d'un point de vue fiscal, dans les écritures de la société A. Elle devrait donc inscrire :

> 100 000 € pour les stocks ;

> 150 000 € pour le compte clients (200 000 € moins la provision de 50 000 € que la société B devra reprendre).

Mais en application de la réglementation comptable, ces éléments doivent être transcrits à leur valeur réelle. On est donc ici en présence d'une distorsion entre les règles comptables et les règles fiscales !

La société A devra ajouter à son résultat imposable de l'exercice de réalisation de la fusion, le profit correspondant à la différence entre la valeur réelle des éléments concernés (300 000 € + 120 000 €) et leur valeur fiscale (100 000 € + 150 000 €), soit 170 000 €.

Immobilisations amortissables

Il s'agit :

> de la construction 1 : 15 millions € ;

> de la construction 2 : 1 million € ;

> du matériel : 45 000 €.

Plus-value sur la construction 1 : 15 000 000 – 10 000 000 = 5 000 000 €.

Plus-value sur la construction 2 : 1 000 000 – 800 000 = 200 000 €.

Plus-value sur le matériel : 45 000 – 40 000 = 5 000 €.

La plus-value globale sur les éléments amortissables est donc : 5 000 000 + 200 000 + 5 000 = 5 250 000 €.

La société absorbante B devra ajouter la plus-value d'apport à ses bénéfices imposables dans les conditions suivantes :

> La plus-value d'apport sur le matériel sera réintégrée sur une période de 5 ans (1 000 € par an).

> La plus-value sur les constructions est de 5 200 000 €, elle est donc supérieure à 90 % de la plus-value globale sur les apports d'éléments amortissables.

Par conséquent, la société absorbante B doit réintégrer les plus-values d'apport afférentes aux constructions sur la durée moyenne pondérée d'amortissement de ces constructions. Cette pondération est opérée en fonction des valeurs d'apport des constructions concernées.

(30 × 15 000 000/16 000 000) + (20 × 1 000 000/16 000 000) = 29,37 arrondis au montant le plus proche, soit 29.

D'où une réintégration annuelle de 5 200 000/29 = 17 930,34 €.

Immobilisation non amortissable

Il s'agit du terrain.

La plus-value d'apport n'est pas imposable, à condition que la société absorbante B prenne l'engagement de calculer la plus-value, réalisée lors de la cession ultérieure du terrain, à partir de la valeur fiscale que ce terrain avait dans les écritures de la société absorbée A.

La société absorbante B reprend dans ses écritures la provision de 20 000 €.

Lors de la cession du terrain la plus-value est calculée comme suit :

> Prix de vente : 110 000 €.
> Valeur fiscale dans les écritures de la société absorbée A : 100 000 – 20 000 (la provision) = 80 000 €.
> Plus-value imposable : 110 000 – 80 000 = 30 000 €.

À concurrence de 20 000 €, la plus-value sur le terrain correspond à la provision qui avait été comptabilisée et qui avait été reprise par la société absorbante. Au moment de la cession du terrain, elle est ajoutée aux bénéfices imposables de cette société absorbante.

réponses

1 ▪ Vrai

Article 210-0 A du Code général des impôts.

2 ▪ Vrai

Règlement comptable du 4 mai 2004.

3 ▪ Faux

Le mali technique n'est pas déductible (article 210 A-1 du Code général des impôts).

4 ▪ Faux

La loi fiscale prévoit l'application de la dispense de TVA (article 257 bis du Code général des impôts).

5 ▪ Vrai

Article 210 B du Code général des impôts.

6 ▪ Vrai

Article 221-2 du Code général des impôts.

7 ▪ Vrai

Article 221-5 du Code général des impôts.

5 L'utilisation du bénéfice par une société

Se poser les bonnes questions

La société doit se prononcer sur l'affectation qu'elle entend donner à son bénéfice et elle doit mesurer les conséquences fiscales de sa décision. Le choix fondamental se fait entre la distribution et le réinvestissement. Mais d'autres solutions sont possibles, telles que le rachat de ses propres actions par la société, dans les hypothèses permises par le Code de commerce.

- Quelle forme peut prendre le réinvestissement ?
- Si les bénéfices sont distribués, quelles sont les conséquences fiscales pour la société et pour les bénéficiaires des distributions ?
- La société doit-elle racheter ses propres actions ? Quelles sont les conséquences fiscales d'une telle opération ?

Le réinvestissement des bénéfices

Le réinvestissement dans l'acquisition d'immobilisations

Dans ce cas, elle pourra bénéficier de certaines incitations fiscales, comme l'amortissement dégressif, si elle remplit les conditions prévues par la loi (voir la détermination du résultat, chapitre 2).

Incorporation de bénéfices ou de réserves au capital social de la société

Cette opération donne lieu au paiement d'un droit d'enregistrement d'un montant de 375 € qui est porté à 500 € si le capital social est supérieur à 225 000 €.

La distribution des bénéfices

Les distributions de dividendes

Ces distributions sont parfois qualifiées d'officielles (par opposition aux distributions officieuses examinées ci-dessous), car elles résultent d'une décision juridique régulière prise par les organes compétents de la société.

Le Code général des impôts prévoit également que lorsqu'une société soumise à l'impôt sur les sociétés cesse d'y être assujettie, ses bénéfices et réserves sont réputés distribués aux associés en proportion de leurs droits. C'est le cas, par exemple, lorsqu'une SARL de famille opte pour le régime des sociétés de personnes (voir chapitre 1).

La répartition du boni de liquidation, qui intervient lors de la dissolution de la société, est assimilée, dans certaines limites, à une distribution de dividendes.

EXEMPLE

Calcul du boni de liquidation

Une société au capital de 500 000 € (composé entièrement d'apports) divisé en 500 actions de 1 000 € est dissoute. Au moment de la dissolution, l'actif net s'élève à 700 000 €.

Boni de liquidation : 700 000 – 500 000 = 200 000 €, soit 200 € par action. La valeur réelle de l'action au moment de la dissolution est donc de 1 200 €.

En principe, les actionnaires sont imposables sur : 1 200 – 1 000 = 200 € par action.

Cependant, si certains associés avaient acquis, après la constitution de la société, leurs actions pour un prix différent de leur valeur nominale, ils seront imposés uniquement sur la différence entre la valeur réelle de l'action et son prix d'achat. Par exemple, pour une action achetée 1 100 € dont la valeur réelle est 1 200 €, ils seront imposés sur 1 200 – 1 100 = 100 €.

Le régime fiscal applicable aux bénéficiaires des dividendes

Ce régime fiscal est fondé sur l'idée suivante : les dividendes sont prélevés sur des bénéfices qui ont supporté l'impôt sur les sociétés (puisque le bénéfice distribuable est le bénéfice constaté après le paiement de l'impôt). Or, ces dividendes constituent des revenus imposables pour les actionnaires. On constate donc une superposition d'impositions sur les bénéfices distribués. La loi fiscale s'efforce de limiter les effets de cette double imposition.

Savoir calculer le revenu imposable

Pour le calcul du revenu imposable à l'impôt sur le revenu, un abattement de 40 % est pratiqué sur le montant brut des dividendes. Mais il faut également tenir compte des prélèvements sociaux qui, eux, sont calculés sans abattement.

EXEMPLE

Un couple marié a perçu un montant de dividendes de 7000 €. Les frais perçus par la banque sont de 200 €.

Montant des prélèvements sociaux perçus à la source : 7000 × 15,5 % = 1 085 €.

Montant du revenu imposable à l'impôt sur le revenu (selon le barème progressif) :

- Déduction de l'abattement : 7000 – 40 % = 4200 €.
- Déduction des frais : 4200 – 200 = 4000 €.

Le revenu imposable est également réduit de la part de CSG déductible : 7000 × 5,1 % = 357 €.

Les distributions officieuses

Il s'agit d'opérations qui sont assimilées à des distributions par la réglementation fiscale, même si elles ne présentent pas ce caractère sur le plan juridique.

En pratique

Les différentes catégories de distributions officieuses

Aux termes du Code général des impôts (article 109), sont également considérés comme distribués, tous les bénéfices qui ne sont pas incorporés au capital ou mis en réserve. Ce cas se rencontre essentiellement lorsqu'à l'occasion d'un contrôle fiscal, le bénéfice imposable de la société est augmenté. Le bénéfice supplémentaire est considéré comme distribué. La loi est fondée sur l'idée selon laquelle tous les bénéfices qui sortent de la société, d'une manière ou d'une autre, doivent être considérés comme distribués. Il s'agit, par exemple, de la fraction considérée comme excessive des rémunérations des dirigeants (voir chapitre 2).

Les rémunérations et avantages occultes

On peut citer deux séries de cas :

- Les avantages en nature ou les rémunérations non déclarés en tant que tels. Par exemple, une société déduit des frais d'électricité sans préciser qu'une partie se rapporte au logement privé du dirigeant.
- Les libéralités résultant d'achats ou de ventes entre la société et ses dirigeants. Par exemple, le dirigeant vend à la société des actions pour un prix supérieur à leur valeur réelle ou la société lui vend des actions pour un prix inférieur à la valeur réelle. Deux conditions sont requises pour que l'opération soit considérée comme une distribution officieuse :
  - l'intention libérale doit exister ;
  - l'écart entre la valeur réelle et le prix pratiqué doit être significatif.

Le régime fiscal applicable aux bénéficiaires des distributions officieuses

Les sommes considérées comme distribuées sont imposables à l'impôt sur le revenu selon le barème progressif, sans application des abattements prévus en faveur des dividendes. L'option pour le prélèvement libératoire ne peut être exercée.

De plus, pour le calcul de l'impôt sur le revenu, les sommes réputées distribuées sont retenues pour 125 % de leur montant.

La contribution additionnelle à l'impôt sur les sociétés, sur le montant des revenus distribués

Les sociétés ou organismes français ou étrangers passibles de l'impôt sur les sociétés en France sont assujettis à une contribution additionnelle à cet impôt au titre des montants qu'ils distribuent. Cette contribution est égale à 3 % des montants distribués. Cependant, les distributions effectuées par les PME ne sont pas soumises à cette contribution. Ainsi, lorsqu'une société aura décidé de distribuer 100 de dividendes, ses actionnaires percevront bien 100, mais la société devra verser 3 à l'État.

La loi fiscale souhaite encourager le réinvestissement des bénéfices, en pénalisant les distributions.

Le rachat de ses propres actions par la société

Les rachats en vue d'une attribution aux salariés ne sont pas considérés comme des revenus distribués ; seules les plus-values peuvent être taxées. Il en est de même lorsque le rachat est motivé par des pertes.

En revanche, en cas de rachat d'actions en vue d'une réduction de capital non motivée par des pertes, les sommes attribuées aux actionnaires peuvent être taxées à la fois comme des revenus distribués et des plus-values.

EXEMPLE

100 actions sont rachetées à un actionnaire par la société.

- Prix unitaire de rachat : 250 €, soit un montant total de rachat de 25 000 €.
- Montant unitaire des apports (montant des apports reçus qui se retrouvent dans les comptes capital, primes d'émission...) : 150 €.
- Prix unitaire d'acquisition (acquisition des actions en cours de société) : 120 €.
- Revenu distribué imposable : 250 – 150 = 50 par action, soit au total 5 000 €.
- Plus-value imposable : 250 – 120 = 130 par action, mais 50 étant considéré comme un revenu distribué, il faut le déduire du montant de la plus-value imposable. Cette plus-value est donc de 130 – 50 = 80 par action, soit au total 8 000 €.

L'explication est la suivante : l'actionnaire a reçu 25 000 € au titre du rachat de ses actions. Il les a acquis pour un prix de 120 × 100 = 12 000 €. Il a donc réalisé un gain de 13 000 €. Celui-ci est imposable selon les modalités suivantes : 5 000 € comme revenu distribué (soumis au régime fiscal des dividendes) et 8 000 € comme plus-value sur valeurs mobilières (voir chapitre 7).

Faites le point

- Les conséquences fiscales de l'utilisation du bénéfice d'une société sont variables selon la décision prise par les organes de la société.
- Le réinvestissement est neutre, tandis que les distributions de dividendes ou les rachats de ses propres actions par la société génèrent des revenus imposables pour les bénéficiaires, mais aussi pour la société qui doit acquitter une contribution additionnelle à l'impôt sur les sociétés.

Se tester

		vrai	faux
1	■ L'incorporation des bénéfices et des réserves au capital est quasiment neutre sur le plan fiscal.	■	■
2	■ Le changement de régime fiscal d'une société peut générer des revenus distribués.	■	■
3	■ Pour le calcul du revenu imposable à l'impôt sur le revenu, un abattement de 50 % est appliqué sur le montant brut des dividendes.	■	■
4	■ L'abattement sur les dividendes est applicable pour le calcul des prélèvements sociaux.	■	■
5	■ La contribution additionnelle due en cas de distribution est à la charge de la société.	■	■
6	■ L'actionnaire perçoit le montant du dividende prévu par l'organe compétent de la société, malgré l'institution de la contribution additionnelle.	■	■
7	■ La société peut racheter ses actions en vue de l'attribution aux salariés et cette opération ne génère pas de distribution.	■	■
8	■ Le rachat d'actions effectué en vue d'une réduction du capital non motivée par des pertes est générateur d'une distribution.	■	■

(Réponses p. 111)

À VOUS DE JOUER

Le dirigeant d'une société prend sa retraite et la société décide de lui racheter ses parts. La société est non cotée et la valeur des parts ne peut donc être déterminée à partir d'une cotation.

Le dirigeant vous demande de lui préciser si cette opération peut présenter des risques sur le plan fiscal.

Nos conseils

Le risque est que l'opération soit considérée comme une distribution officieuse pour le dirigeant. En effet, compte tenu des liens entre le dirigeant et la société, l'intention libérale est présumée.

Pour éviter que le prix ne s'écarte de manière significative de la valeur réelle, il est conseillé de faire valider l'évaluation par un expert. Dans cette hypothèse, la jurisprudence a généralement considéré qu'il n'existait pas de distribution officieuse.

réponses

1 ■ Vrai

Seul un droit fixe d'enregistrement de 375 € ou de 500 € est dû.

2 ■ Vrai

Lorsqu'une société soumise à l'impôt sur les sociétés cesse d'être assujettie à cet impôt, les bénéfices et réserves sont présumés distribués.

3 ■ Faux

L'abattement est de 40 %.

4 ■ Faux

Les prélèvements sociaux sont calculés sur le montant brut des dividendes, mais une fraction de la CSG (5,1 %) est déductible du montant imposable à l'impôt sur le revenu.

5 ■ Vrai

Cette taxe de 3 % vient s'ajouter à l'impôt sur les sociétés lui-même. Ce mécanisme aboutit à l'application de deux taux de l'impôt sur les sociétés : en cas de distribution, le taux est plus élevé que si la société réinvestit ses bénéfices.

6 ■ Vrai

Pour un dividende de 100, l'actionnaire recevra 100 et la société devra payer 3 à l'État. Mais on peut prévoir que les sociétés limiteront leurs distributions pour ne pas alourdir la charge globale résultant de ces distributions.

7 ■ Vrai

Ces différentes hypothèses d'attribution aux salariés sont prévues par le Code de commerce et elles ne génèrent pas de revenus distribués.

8 ■ Vrai

Le revenu distribué est égal à la différence entre le prix de rachat et la valeur des apports.

6 La taxe sur la valeur ajoutée (TVA)

Se poser les bonnes questions

La TVA est une taxe sur le chiffre d'affaires, c'est-à-dire, comme son nom l'indique, qu'elle s'applique à toutes les opérations réalisées par l'entreprise, quelle que soit la forme juridique que revêt cette entreprise. Mais la TVA n'est pas, à proprement parler, une charge pour l'entreprise puisqu'elle peut la répercuter sur la personne à qui elle adresse sa facture.

- Quel est le mécanisme général de la TVA ?
- L'opération réalisée par l'entreprise rentre-t-elle dans le champ d'application de la TVA ?
- Quel montant de TVA l'entreprise doit-elle mentionner sur sa facture ?
- Quel montant de TVA l'entreprise devra-t-elle payer au Trésor public, compte tenu de la déduction de la taxe qui lui a été facturée par ses fournisseurs ou ses prestataires de services ?

Le mécanisme général de calcul de la TVA

Techniquement, il existe trois possibilités d'application d'une taxe sur le chiffre d'affaires : la taxe unique, la taxe cumulative et la taxe unique à paiements fractionnés, qui est la TVA.

Comparons les conséquences des trois possibilités indiquées ci-dessus dans un circuit économique très simple.

Un producteur vend son produit 20 à un grossiste qui réalise une marge de 10 en le revendant à un détaillant, qui réalise une marge de 15.

Système de la taxe unique

Comme son nom l'indique, elle est appliquée une seule fois dans le circuit. Supposons que la taxe soit appliquée au stade du détaillant (c'est la solution généralement retenue par les pays qui appliquent ce système) au taux de 20 %.

Producteur

Prix de vente : 20

Grossiste

Prix d'achat : 20

Marge : 10

Prix de vente : 30

Détaillant

Prix d'achat : 30

Marge : 15

Prix de vente : 45

Taxe au taux de 20 % à rajouter au prix : 9

Prix de vente au consommateur : 54

L'avantage de ce système est sa simplicité et le poids relativement faible de l'impôt (9 pour l'ensemble du circuit).

Son inconvénient est qu'un seul participant acquitte l'impôt et qu'il est donc soumis à des formalités que n'accomplissent pas les autres participants au circuit.

Système de la taxe cumulative

Elle est appliquée à tous les stades du circuit, mais son taux est naturellement plus faible. Retenons un taux de 10 % et reprenons les données de l'exemple précédent.

Producteur

Prix de vente : 20

Taxe au taux de 10 % : 2

Prix pratiqué : 22

Grossiste

Prix d'achat : 22

Marge : 10

Prix de vente : 32

Taxe au taux de 10 % : 3,2

Prix pratiqué : 35,2

Détaillant

Prix d'achat : 35,2

Marge : 15

Prix de vente : 50,2

Taxe au taux de 10 % : 5,02

Prix de vente pratiqué : 50,2 + 5,02 = 55,22

L'inconvénient essentiel est que le prix de vente final est plus élevé que dans le cas de la taxe unique, ce qui peut poser des problèmes économiques et sociaux.

L'avantage est que tous les participants au circuit acquittent la taxe.

Système de la taxe unique à paiements fractionnés, c'est-à-dire la TVA

Il s'agit d'un compromis fort astucieux entre les deux précédents systèmes (la TVA, rappelons-le, est une invention française !).

La taxe est due à tous les stades du circuit, mais chacun des participants peut déduire la taxe qui lui a été facturée au stade précédent du circuit économique. C'est-à-dire que chacun acquitte une fraction de la taxe globale qui sera supportée par l'ensemble du circuit économique.

Puisqu'il s'agit d'une taxe unique, il faut reprendre le taux de la taxe unique, soit 20 %. Reprenons les données des exemples précédents :

Producteur (supposons, pour simplifier la présentation de l'exemple, qu'il n'a pas reçu de factures de la part de fournisseurs)

Prix de vente : 20 Taxe : 4 Prix de vente final : 24	Facture adressée au grossiste Prix 20 TVA : 4 Total : 24	Montant de la taxe acquittée à l'État : 4

Grossiste

Il devra calculer la taxe sur son prix de vente, mais pour calculer le montant dû à l'État, il pourra déduire la taxe facturée par le producteur. Pour lui, le prix de revient du produit acheté est le prix hors taxe, c'est-à-dire 20. C'est donc à partir de cette somme qu'il doit calculer sa marge.

Prix de revient du produit acheté : 20 Marge 10 Prix de vente : 30 Taxe : 6	Facture adressée au détaillant : Prix 30 TVA : 6 Total : 36	Montant de la taxe acquittée à l'État : 6 – 4 = 2

Détaillant

Sa situation est identique à celle du grossiste.

Prix de revient du produit acheté : 30 Marge : 15 Prix : 45 Taxe : 9	Facture adressée à son client Prix 45 TVA : 9 Total : 54	Montant de la taxe acquittée à l'État : 9 – 6 = 3

Tirons quelques conclusions :

- La TVA aboutit à un résultat identique à celui de la taxe unique. Le prix de vente final est de 54 dans les deux cas et le total encaissé par l'État est bien de 9 dans les deux cas.
- Chacun des participants au circuit paie la taxe en proportion de la valeur qu'il ajoute au produit, d'où d'ailleurs le nom de la taxe : le producteur, dans notre exemple, ajoute 20 (il est censé ne pas avoir acheté de produits), le grossiste ajoute 10 et il paie 2 (20 % de 10) et le détaillant ajoute 15 et paie 3 (20 % de 15). La TVA est donc en

principe économiquement neutre (la législation présente cependant encore quelques imperfections), ce qui explique que ce dispositif ait été adopté au niveau européen, ainsi d'ailleurs que dans de nombreux autres pays.

- Grâce au mécanisme des déductions, la TVA aboutit à une détaxation des investissements réalisés par les entreprises.
- En pratique, le calcul n'est pas effectué pour chaque opération, mais globalement sur le total des opérations réalisées durant chaque mois.

L'harmonisation européenne

Le mécanisme de la TVA était le mieux adapté aux nécessités du marché commun. En effet, comme on l'a constaté précédemment, la TVA est économiquement neutre et elle préserve donc la libre concurrence. En conséquence, en 1967, les instances européennes ont adopté la TVA comme impôt commun à tous les États membres. On peut souligner qu'il ne s'agit pas à proprement parler d'un impôt européen, mais d'un impôt national harmonisé.

Durant les années ultérieures, les autorités communautaires se sont efforcées d'harmoniser les règles de calcul de la TVA dans les États membres. Le texte fondamental en la matière est la sixième directive européenne du 17 mai 1977. Ce texte est extrêmement détaillé et précise les règles relatives au champ d'application de la TVA, ainsi que les modalités de calcul de la taxe. Cependant, quelques libertés sont laissées aux États membres pour la fixation du montant des taux (mais il s'agit d'une liberté très encadrée). Chaque État membre a introduit les dispositions de la sixième directive dans sa législation.

La sixième directive a été modifiée et complétée à maintes reprises. Ainsi, les règles d'application territoriales de la TVA ont été modifiées pour tenir compte de la suppression des frontières fiscales à compter du 1er janvier 1993 (date de l'instauration du marché unique européen).

L'ensemble de ces modifications ont été rassemblées dans une directive du 28 novembre 2006 relative au système commun de TVA, modifiée par une directive du 12 février 2008 relative au lieu d'imposition des prestations de services.

À noter qu'en 1977, la sixième directive comportait une trentaine d'articles. À l'heure actuelle, le système commun de TVA comprend plus de 400 articles...

Les législations européennes doivent respecter cet ensemble de règles communautaires.

Le champ d'application de la TVA

La TVA présente une particularité qui peut paraître insolite : il existe deux grandes catégories d'opérations imposables, celles imposables à titre obligatoire et celles imposables sur option. En effet, paradoxalement, on peut avoir intérêt à être assujetti à la TVA.

Par ailleurs, la loi fiscale prévoit en détail les règles de territorialité, qui sont d'autant plus importantes que la TVA est le seul impôt harmonisé au plan européen.

Opérations imposables à titre obligatoire

Le principe est que rentrent dans le champ d'application de la TVA les activités économiques, mais la loi prévoit également l'assujettissement d'opérations assimilées à ces activités économiques.

Le principe général : l'imposition des activités économiques

Pour déterminer le champ d'application de ces opérations, la loi a retenu une définition à trois étages. Rentrent dans le champ d'application de la TVA :

- des opérations ;
- effectuées à titre onéreux ;
- par un assujetti agissant en tant que tel.

Il faut reprendre et approfondir chacun de ces trois étages.

Les opérations

La loi en distingue deux catégories :

- Les livraisons de biens : le terme est tiré du Code civil ; en pratique, il s'agit essentiellement des ventes de biens. Notons que la loi parle de biens : le terme englobe les biens à caractère mobilier, mais aussi les immeubles. Cependant, pour ces derniers, des règles particulières s'appliquent. La livraison se caractérise par un transfert de propriété du bien.

- Les prestations de services et opérations assimilées (telles que les ventes de biens incorporels). La loi précise que toutes les opérations qui ne sont pas considérées comme des livraisons sont considérées comme des prestations de services.

Conclusion : sont imposables les ventes et les prestations de services.

Les opérations sont effectuées à titre onéreux

Les opérations effectuées à titre onéreux sont celles qui comportent une contrepartie, quelle que soit la nature de cette contrepartie (somme d'argent, service rendu) et son montant. Point important, la notion d'acte anormal ne s'applique pas en matière de TVA : une opération est imposable même si le prix est anormal (voir aussi, ci-après, les déductions). Par conséquent, échappent à la TVA les opérations faites sans contrepartie, notamment les opérations effectuées à titre gratuit.

Mais la condition s'est compliquée sous l'influence de la jurisprudence européenne : il doit exister un lien direct entre la prestation et sa contrepartie.

En pratique

La notion de lien direct

Dans le cas d'une vente, le lien entre le transfert de la propriété du bien et le paiement de la transaction est évident et ne pose pas de problème pratique. Une vente est toujours imposable.

Le raisonnement est plus subtil dans le cas d'une prestation de service. La question se pose, en particulier, dans le cas de subventions versées par des personnes publiques ou des sociétés privées. Les questions sont les suivantes : quelle est la contrepartie de la subvention ? Le bénéficiaire de la subvention rend-il un service – avec lien direct – à la personne qui lui verse la subvention ?

La réponse à ces questions passe par une démarche en deux étapes :

- Le lien direct existe-t-il ? Deux critères doivent être réunis :
  – existence d'une prestation individualisable ;
  – existence d'une équivalence approximative entre l'avantage et sa contre-valeur.

...

En pratique

...

■ La subvention peut-elle être considérée comme un supplément de prix ? Ce sera le cas lorsque, grâce à la subvention, le bénéficiaire peut pratiquer des prix plus bas que les prix du marché.

EXEMPLE

- En principe, une simple subvention d'équilibre versée pour combler un déficit n'est pas soumise à la TVA (car il n'existe pas de prestation individualisable).
- Une subvention versée par une commune à une association qui organise un festival n'est pas soumise à la TVA, car l'association ne rend pas une prestation individualisable à la commune. Elle contribue simplement à l'animation de la commune, ce qui est une prestation d'ordre général.
- Les cotisations versées à un groupement qui se borne à produire des études économiques générales au profit de ses associés ne sont pas soumises à la TVA, car le groupement ne rend pas une prestation individualisable à ses adhérents. Mais si le groupement réalise une étude particulière au profit d'une entreprise membre, la rémunération de cette prestation est soumise à la TVA.
- En revanche, sont imposables à la TVA les subventions versées par un conseil général à une entreprise pour l'enlèvement de cadavres d'animaux chez les éleveurs, car elles sont directement liées au coût de ces opérations dont elles sont la contrepartie.

Les solutions sont donc nuancées...

Les opérations sont réalisées par un assujetti agissant en tant que tel

Cette formule, qui figure dans la loi fiscale française (reprise de la directive européenne), doit être décomposée en deux questions : qu'est-ce qu'un assujetti ? Dans quels cas agit-il en tant que tel ?

En pratique

Qu'est-ce qu'un assujetti à la TVA ?

Selon les termes de la loi, une personne est assujettie si elle remplit les conditions suivantes :

■ Elle agit de manière indépendante : cela exclut les opérations réalisées par les salariés, dans le cadre de leur activité salariée.

...

■ Elle exerce une activité économique : selon la loi, les activités économiques se définissent comme « toutes les activités de producteur, de commerçant ou de prestataire de services, y compris les activités extractives, agricoles et celles des professions libérales ou assimilées ».

■ La formule est particulièrement large. Mais la jurisprudence européenne a introduit (là encore !) une nuance importante : la simple gestion d'un patrimoine ne constitue par une activité économique et ne rentre donc pas dans le champ d'application de la TVA. Cette distinction est parfois subtile !

Exemples

■ La simple perception de dividendes n'entre pas dans le champ d'application de la TVA.

■ Selon la Cour de justice de l'Union européenne, « le simple exercice du droit de propriété par son titulaire ne saurait, en lui-même, être considéré comme constituant une activité économique ». Appliquant ce principe à un *trust* britannique, la Cour en conclut « qu'il devait être considéré comme se limitant à gérer un portefeuille d'investissements à l'instar d'un investisseur privé ». Par conséquent, les achats et ventes d'actions effectués par ce *trust* ne furent pas soumis à la TVA. Cette affaire était particulièrement spectaculaire : la Cour a estimé que le *trust* en cause exerçait une simple activité de gestion de patrimoine, alors que les opérations réalisées étaient d'un montant considérable (en l'espèce, la vente d'actions réalisée par le *trust* avait été la plus importante effectuée en Grande-Bretagne par un opérateur privé ! Arrêt du 20 juin 1996, Wellcome Trust Ldt).

Autrement dit, le critère de l'activité économique n'est pas tiré du montant de l'opération mais de sa nature.

La personne peut être assujettie si elle remplit les deux conditions précédentes : « quels que soient le statut juridique de ces personnes, leur situation au regard des autres impôts et la forme ou la nature de leur intervention ». C'est ainsi que les personnes publiques sont assujetties si elles réalisent des opérations comparables à celles effectuées par des personnes privées. En revanche, les activités de service public sont placées hors du champ d'application de la TVA.

...

...

Qu'est-ce qu'un assujetti agissant en tant que tel ?

Un assujetti qui effectue une opération à titre privé n'agit pas en tant qu'assujetti. Par conséquent, une opération effectuée par un assujetti à titre privé ne tombe pas sous le coup de la TVA. Cette condition est particulièrement intéressante pour les opérations immobilières (voir ci-dessous).

Conclusion

Si les trois étages sont respectés, les opérations entrent dans le champ d'application de la TVA. Cependant, certaines d'entre elles sont exonérées par la loi (voir ci-dessous).

Les opérations assimilées à des activités économiques

On peut en distinguer deux catégories : les opérations immobilières et les livraisons à soi-même.

Le régime des opérations immobilières

On peut retenir ces opérations dans l'ordre chronologique de leur réalisation :

1. Les ventes de terrains :

- Les ventes de terrain à bâtir (au sens de la législation sur l'urbanisme) sont soumises obligatoirement à la TVA lorsqu'elles sont réalisées par un assujetti agissant en tant que tel.
- Les ventes de terrain qui ne sont pas des terrains à bâtir sont exonérées de la TVA, mais le vendeur peut opter pour son assujettissement à la TVA (voir ci-dessous, les intérêts de l'option).

2. Les travaux immobiliers sont soumis à la TVA. Ils sont considérés comme des prestations de services.

3. Les ventes d'immeubles bâtis :

- Les ventes d'immeubles neufs réalisées par des assujettis agissant en tant que tels sont soumises obligatoirement à la TVA. Sont considérés comme des immeubles neufs, les immeubles achevés depuis moins de 5 ans.

- Les ventes d'immeubles achevés depuis plus de 5 ans sont en principe exonérées, mais le vendeur peut opter pour la TVA.

En pratique

Les livraisons à soi-même

Il s'agit d'une particularité de l'application de la TVA : en l'absence d'une vente, une personne est censée se livrer à elle-même un bien ou un service.

Dans cette hypothèse, la même personne est considérée à la fois comme vendeur et acheteur. Cette sorte de schizophrénie fiscale a généralement pour but d'assurer la neutralité fiscale des opérations concernées.

EXEMPLE

- Un immeuble neuf édifié par un assujetti agissant en tant que tel n'est pas vendu dans un délai de 2 ans : le constructeur (ou la personne qui a confié sa construction à un tiers, pour son compte) doit calculer la TVA sur le prix de revient de l'immeuble, mais il peut déduire la TVA qui a grevé les dépenses de construction.
- Une entreprise fabrique une immobilisation par ses propres moyens : elle doit calculer la TVA sur le montant du prix de revient (car l'entreprise est considérée comme vendeur), mais cette taxe est déductible (car l'entreprise est considérée également comme acheteur). L'opération est donc neutre sur le plan fiscal. L'entreprise est traitée comme si elle avait acheté le bien à un fournisseur extérieur. De plus, grâce à cette taxation de la livraison à soi-même, qui doit donner lieu à une déclaration, l'administration est en mesure de vérifier l'entrée de l'immobilisation dans l'actif de l'entreprise.
- Le prélèvement par un chef d'entreprise de biens figurant dans son stock, pour des besoins privés, est une livraison à soi-même taxable. Il est donc traité dans les mêmes conditions que s'il avait acheté le bien à un fournisseur extérieur.

Opérations exonérées

Il faut distinguer les opérations placées hors du champ d'application de la TVA, des opérations exonérées. La distinction est importante, notamment pour le calcul des déductions.

Savoir distinguer les exonérations des opérations placées hors du champ d'application de la TVA

Les opérations placées hors du champ d'application sont celles qui ne rentrent pas dans la définition générale des activités économiques, c'est-à-dire celles pour lesquelles manque un étage de la définition. Par exemple, il s'agit des opérations pour lesquelles il n'existe pas de lien direct entre la prestation et sa contrepartie. Cela concerne aussi les opérations effectuées par une personne qui n'est pas assujettie (par exemple, un salarié) ou effectuées par un assujetti mais qui n'agit pas en tant que tel (par exemple, qui se borne à gérer son patrimoine).

Les opérations exonérées correspondent à la définition générale (les trois étages sont respectés), mais qui sont expressément exonérées par la loi. Par exemple, les activités médicales. Il faut donc préciser soigneusement la terminologie :

- Un assujetti est une personne qui réalise des opérations qui rentrent dans le champ d'application de la TVA. Mais certaines de ces opérations peuvent être expressément exonérées par la loi.
- Un redevable est un assujetti qui réalise des opérations qui ne sont pas exonérées et qui doit donc acquitter la TVA.

La portée des exonérations

Le mécanisme général de la TVA comporte deux étapes : le calcul de la TVA collectée (calculée sur le prix de vente) et la déduction de la taxe facturée à l'assujetti. Ce mécanisme permet donc aux redevables de la TVA de bénéficier d'un prix de revient hors taxe pour les biens et les services qu'ils acquièrent.

Si l'opération est exonérée, l'assujetti ne devra pas calculer la TVA sur son prix de vente, ce qui *a priori* est un avantage. Mais, gros inconvénient, il ne pourra pas déduire la TVA qui figure sur les factures qu'il reçoit et le prix de revient de ses achats sera donc le montant taxe comprise.

EXEMPLE

Reprenons le premier exemple du producteur, du grossiste et du détaillant, mais en supposant que le grossiste soit exonéré de la TVA. Le résultat est le suivant :

La situation du **producteur** reste identique.

Le grossiste reçoit la facture suivante :
Prix : 20
TVA : 2
Total : 22
Prix de revient du produit acheté : 22 (car il ne peut plus déduire la TVA facturée)
Marge : 10
Prix de vente : 32
Situation du **détaillant** :
Prix de revient : 32 (il ne peut rien déduire puisque le grossiste ne facture pas la TVA)
Marge : 15
Prix 47
TVA (20 %) 9,4 (arrondi à 9)
Total : 56, qui est le prix de vente final.

Conséquence : le prix de vente final augmente malgré l'exonération du grossiste.

L'exonération n'a pas que des avantages, d'où la recherche de solutions par la loi fiscale.

- Le nombre d'exonérations doit être limité, sous peine de remettre en cause la logique profonde du système de la TVA : tout le monde paie, mais tout le monde déduit. De plus, les exonérations doivent être convenablement ciblées (dans l'exemple, il eut été plus opportun d'exonérer le détaillant).
- La loi exonère une opération mais permet néanmoins à l'intéressé de déduire la TVA. C'est le système utilisé notamment pour les exportations (voir ci-dessous). Techniquement, cela revient à calculer la TVA au taux 0. Ce système est appliqué pour des ventes internes, dans certains pays.
- La loi organise un transfert de déduction. Par exemple, dans les concessions publiques, la collectivité publique peut transférer le droit à déduction aux concessionnaires ; tandis que les associés des sociétés immobilières d'attribution peuvent déduire la TVA ayant grevé l'immeuble ou la fraction d'immeuble que l'associé utilise pour la réalisation d'opérations imposables à la TVA.
- La loi prévoit dans certains cas le remboursement de la TVA facturée (par exemple, aux collectivités locales).

- Pour certaines opérations exonérées, l'intéressé peut opter pour le paiement de la TVA.

Les principales exonérations

Opérations relevant du commerce extérieur

Les exportations et les opérations assimilées sont exonérées : ce régime est examiné plus en détail ci-après (avec les règles de territorialité).

Les exonérations pour motifs sociaux

Rentrent dans cette catégorie, les professions médicales et paramédicales (médecins, dentistes, infirmières et infirmiers), ainsi que les établissements de santé (les frais d'hospitalisation et de traitement).

On peut également citer l'exonération bénéficiant aux organismes à but non lucratif (sauf s'ils se comportent comme de véritables entreprises).

Les exonérations concernant les activités d'enseignement

L'enseignement scolaire et universitaire est exonéré, ainsi que les cours particuliers dispensés par des personnes physiques.

Pour les activités relevant de la formation professionnelle continue, les organismes de droit public sont exonérés. Les organismes privés reconnus (c'est-à-dire ayant reçu une attestation de la part des autorités administratives compétentes) sont également exonérés.

Les exonérations concernant certaines activités bancaires et financières

Sont exonérées les opérations d'octroi et de négociation de crédits, les opérations relatives aux dépôts de fonds... Le motif de cette exonération est d'ordre technique : il serait difficile de calculer la valeur ajoutée pour ces opérations. Mais les banques payent beaucoup d'autres taxes !

L'exonération des activités d'assurance et de réassurance

Les motifs de l'exonération sont les mêmes que pour les activités financières.

Opérations imposables sur option

Les cas d'option sont limitativement énumérés dans la loi.

Il peut paraître insolite de souhaiter payer volontairement un impôt ! Il existe pourtant deux sortes d'intérêts de l'option.

Les intérêts de l'option

La possibilité de déduire la TVA facturée

Le prix de revient de l'investissement est hors taxe, ce qui permet de calculer un prix moins élevé.

EXEMPLE

Un redevable a acquis un immeuble dans les conditions suivantes : 1 000 000 € + 196 000 € de TVA.

Il souhaite donner cet immeuble en location pour un loyer égal à 8 % du prix de revient de l'immeuble. Il s'agit d'une location de local nu, en principe exonérée de la TVA.

S'il opte pour le paiement de la TVA, il peut déduire la TVA facturée, soit 196 000, et son prix de revient est alors de 1 000 000 €.

Loyer : 1 000 000 × 8 % = 80 000 € auxquels il doit ajouter la TVA, soit 15 680 €, d'où un total de 95 680 €.

S'il n'opte pas pour le paiement de la TVA :

Loyer : 1 196 000 × 8 % = 95 680 €

Envisageons maintenant la situation du locataire :

S'il est non assujetti (par exemple, un particulier), le loyer sera de 95 680 € dans tous les cas.

Mais si le locataire est redevable, il peut déduire la TVA qui lui est facturée. Donc, si le bailleur a opté pour la TVA, le locataire pourra déduire 15 680 € et le loyer lui reviendra à 80 000 €.

La conclusion est la suivante : une personne a intérêt à opter pour le paiement de la TVA si d'une part, elle réalise des investissements pour lesquels elle pourra déduire la TVA et si, d'autre part, sa clientèle est composée de redevables de la TVA qui pourront eux-mêmes déduire la TVA facturée.

L'exonération de la taxe sur les salaires

La loi fiscale française prévoit l'application d'une taxe calculée sur le montant des salaires versés. Le taux de cette taxe est en principe de 4,25 % mais il est majoré pour les tranches de salaires élevées (8,50 %, 13,60 % et 20 %). La loi précise que cette taxe est due uniquement par les employeurs qui ne sont pas soumis à la TVA ou ne l'ont pas été sur 90 % au moins de leur chiffre d'affaires.

Par conséquent, l'option pour le paiement de la TVA permet d'éviter ou de limiter le paiement de la taxe sur les salaires. Le meilleur exemple est celui des banques : elles sont exonérées de la TVA et doivent payer la taxe sur les salaires, qui peut représenter une lourde charge pour elles. La loi leur permet d'opter pour le paiement de la TVA sur certaines de leurs opérations, ce qui leur permet de limiter le montant de la taxe sur les salaires. Ainsi, si elles sont imposées à la TVA sur 25 % de leurs opérations, la taxe sur les salaires s'appliquera sur 75 % des rémunérations versées.

Les principaux cas d'option prévus par la loi

Les locations

Le régime fiscal des locations d'immeubles :

- Les locations d'immeubles aménagés pour l'exercice d'une activité industrielle ou commerciale sont obligatoirement soumises à la TVA.
- Les locations de locaux nus sont normalement exonérées de la TVA. Elles sont cependant imposables si le loyer est déterminé en fonction des résultats de l'entreprise locataire.
- Les locations meublées (donc affectées à l'habitation) sont exonérées, sauf si le bailleur offre des services comparables à ceux rendus dans un hôtel (activité qualifiée de parahôtellerie).
- Certaines locations de locaux nus peuvent être soumises à la TVA sur option (ce qui permet de déduire la TVA qui a grevé le prix de l'immeuble). Cependant, l'option n'est pas autorisée si les locaux sont destinés à l'habitation.

Les opérations immobilières

L'option est possible pour les ventes de terrains qui ne sont pas des terrains à bâtir (au sens de la législation sur l'urbanisme) et sur les ventes d'immeubles bâtis, achevés depuis plus de 5 ans, réalisées par des assujettis.

Les collectivités locales

Elles sont exonérées pour leurs activités relevant du service public, mais la loi leur permet d'opter pour les opérations relevant de certains de ces services. Il s'agit entre autres des opérations suivantes :

- fourniture de l'eau dans les communes de moins de 3 000 habitants (dans les communes d'au moins 3 000 habitants, ces opérations sont obligatoirement imposables à la TVA) ;
- assainissement ;
- abattoirs publics ;
- marchés d'intérêt national ;
- enlèvement et traitement des ordures, déchets et résidus lorsque ce service donne lieu au paiement d'une redevance calculée en fonction de l'importance des services rendus. La majorité des communes ont adopté le système de la taxe sur les ordures ménagères et, dans ce cas, l'option n'est pas possible.

L'option permet de déduire la taxe ayant grevé les investissements. Pourtant, relativement peu de collectivités locales ont formulé l'option. En effet, un mécanisme budgétaire leur permet d'obtenir le remboursement de la TVA qui leur a été facturée sur leurs investissements réalisés au cours de l'avant-dernière année (par l'intermédiaire du Fonds de compensation de la TVA ; par exemple, pour 2012, les remboursements s'élèvent à plus de 5,5 milliards €). Le seul intérêt de l'option est d'accélérer la détaxation des investissements (déduction immédiate en cas d'option, décalage en cas de remboursement).

Territorialité : le régime des opérations internationales

Deux catégories d'opérations sont soumises à la TVA : les livraisons de biens et les prestations de services. Les règles de territorialité s'appliquent distinctement pour chacune de ces deux catégories.

Les opérations portant sur les biens

Il s'agit des achats et des ventes qui sont réalisées au plan international. Différentes distinctions doivent être présentées et, tout d'abord, entre les opérations réalisées par des assujettis et celles réalisées par des particuliers.

Les opérations réalisées par les assujettis à la TVA

Il s'agit, pour l'essentiel, des opérations réalisées par des entreprises. Il faut faire une nouvelle distinction entre les opérations réalisées avec des pays qui n'appartiennent par à l'Union européenne (UE) et les opérations internes à l'UE, appelées les opérations intracommunautaires.

Les opérations intervenant avec des pays n'appartenant pas à l'UE

On trouve deux catégories d'opérations : les importations en provenance de pays tiers et les exportations à destination de pays tiers. Le point essentiel est le suivant : les biens franchissent une frontière et les formalités douanières subsistent, ce qui a des conséquences sur l'application de la TVA.

À noter que pour l'application de la TVA, les départements d'Outre-mer ainsi que les autres collectivités d'Outre-mer sont considérés comme des territoires d'exportation.

Le régime des exportations

Elles sont soumises à un régime particulièrement intéressant : elles sont exonérées mais, par dérogation aux règles générales, les exportateurs peuvent déduire la TVA qui leur a été facturée par leurs fournisseurs.

Le fondement de ces règles est le suivant : pour les exportateurs, le prix de revient des produits qu'ils destinent à l'exportation doit être un prix de revient hors taxe. L'intérêt économique de ce dispositif est évident. Pour parvenir à ce résultat deux régimes peuvent être appliqués.

Le régime fiscal des exportations

Deux dispositifs permettent de parvenir à un prix de revient « hors taxe » des produits exportés :

▪ **L'exportateur peut demander le remboursement de son crédit de taxe.**

Exemple

Un exportateur a réalisé des exportations pour un montant de 500 000 € en septembre de l'année N. Il avait acquis les marchandises exportées pour un montant de 300 000 € (TVA : 58 800). Par ailleurs, il a réalisé des ventes en France, durant le même mois, pour un montant de 200 000 €. Sa déclaration se présente ainsi :

TVA sur exportations : 0

TVA sur les ventes en France : 200 000 × 19,6 %....................39 200

Déductions 50 800

La différence entre la TVA collectée et les déductions étant négative, l'exportateur non seulement ne paye pas la TVA, mais il peut obtenir, de la part de l'État, le remboursement de cette différence, qui est appelé le crédit de taxe :

Crédit .... 39 200 – 58 800 = 20 600

L'exportateur pourra demander le remboursement de ce crédit. Le remboursement est opéré mensuellement (il est demandé au moment du dépôt de la déclaration et il est opéré dans un délai d'environ quinze jours).

▪ **L'exportateur peut bénéficier du régime des achats en franchise de taxe.**

Le régime du remboursement du crédit de taxe présente l'inconvénient d'obliger l'entreprise à faire l'avance de la taxe à son fournisseur, ce qui pourrait lui poser des problèmes de trésorerie. Pour éviter cet inconvénient, la loi a institué le régime des achats en franchise.

Exemple

Un exportateur a expédié vers l'étranger 100 000 € de marchandises. Il les avait acquises auprès d'un fournisseur français qui lui a adressé la facture suivante :

...

...

Prix : 80000

TVA (19,6 %) : 15680

Total : 95680

Avec le système du remboursement du crédit de taxe, il doit payer 95680 € à son fournisseur et c'est seulement ensuite qu'il obtiendra le remboursement de son crédit. Le système des achats en franchise lui permet de recevoir les marchandises hors taxe, c'est-à-dire, dans l'exemple, pour 80000 €.

L'administration accorde l'autorisation de recevoir les marchandises en franchise de taxe, dans la limite d'un contingent annuel (calculé en fonction des exportations réalisées l'année précédente). Les exportateurs doivent adresser à leurs fournisseurs une attestation certifiant que les produits commandés sont destinés à l'exportation. Le fournisseur n'est pas exonéré de TVA, il est autorisé à ne pas la facturer.

Le régime des importations

Les importations sont soumises à la TVA en France. La taxe est perçue par le service des douanes. Elle est calculée sur le prix augmenté de frais accessoires, tels que les frais de transport calculés jusqu'au lieu de première destination de la marchandise à l'intérieur du pays.

Les opérations intracommunautaires

Les livraisons intracommunautaires

Il s'agit de ventes de biens de la France vers un autre État de l'UE. Elles sont comparables aux exportations, mais elles sont appelées livraisons intracommunautaires car, dans cette situation, on ne traverse pas de frontières douanières, puisqu'elles ont été supprimées à compter du 1er janvier 1993.

Dans la logique de la suppression des frontières, il faudrait traiter ces livraisons intracommunautaires comme des opérations internes. C'est normalement ce qui devrait s'appliquer dans le régime définitif. Mais pour l'instant, on se trouve dans une période transitoire – depuis le 1er janvier 1993... – et il est à craindre que cette période transitoire ne se prolonge !

Concrètement, on applique un régime comparable à celui prévu pour les exportations. Les livraisons intracommunautaires sont exonérées mais le droit à déduction est maintenu. On retrouve les deux mécanismes prévus pour les exportations : le remboursement du crédit de taxe et les achats en franchise de taxe.

L'expéditeur de la marchandise doit justifier que le bien a été expédié dans un autre État membre de l'UE et il doit mentionner sur la facture le numéro d'identification à la TVA de l'acquéreur de la marchandise. En effet, tous les assujettis de l'UE se voient attribuer un numéro d'identification.

Les marchandises circulent donc hors taxe au sein de l'UE, alors qu'il n'y a plus de douaniers, d'où des fraudes.

Les acquisitions intracommunautaires

Elles sont l'équivalent des importations. Il s'agit d'une vente en provenance d'un autre État membre de l'UE à destination de la France. Les acquisitions intracommunautaires sont soumises à la TVA en France. Le redevable est l'acquéreur. La TVA s'applique selon un mécanisme original : l'autoliquidation.

EXEMPLE

> Une entreprise implantée en France fait une acquisition auprès d'une entreprise allemande pour un montant de 100 000 €.
>
> Pour l'entreprise allemande, l'opération constitue une livraison intracommunautaire et, pour elle, cette opération est exonérée. Elle va donc adresser une facture de 100 000 € à l'entreprise française. Celle-ci devra calculer la TVA, au taux français, par exemple 19,6 % sur les 100 000 €, soit 19 600 €. Mais cette somme est déductible et l'opération est donc fiscalement neutre pour l'entreprise française.

L'explication est la suivante : l'entreprise française se dédouble sur le plan fiscal : elle est censée se facturer à elle-même la TVA (d'où l'utilisation parfois de l'expression l'autofacturation) et elle déduit cette taxe, qu'elle s'est ainsi autofacturée, dans les mêmes conditions que si la facturation avait été faite par son fournisseur.

Sous une apparence quelque peu ésotérique, ce mécanisme permet en fait de simplifier l'application de la TVA au niveau communautaire. Il présente plusieurs avantages :

- L'administration connaît la réalisation de l'acquisition intracommunautaire, grâce à la déclaration de TVA (et à des déclarations complémentaires qui sont exigées) ; elle dispose donc d'informations précises sur l'activité de l'entreprise.

- Au sein de l'UE, les assujettis sont amenés à appliquer uniquement la TVA de leur pays, et notamment les taux en vigueur dans leur État. Ils n'ont pas à appliquer la TVA d'un autre pays, ce qui est plus simple.

EXEMPLE

Reprenons l'exemple précédent : l'entreprise allemande fait une facture hors taxe, elle n'a donc pas à se préoccuper du taux en vigueur en France. Lorsque l'entreprise française fera une livraison à destination d'un assujetti implanté dans un autre État de l'UE, elle fera une facture hors taxe, sans avoir à connaître le taux en vigueur dans l'autre État.

Les opérations réalisées par les particuliers

Opérations avec des pays situés en dehors de l'UE

Les importations de marchandises de faible valeur (ne dépassant pas 430 €), contenues dans les bagages personnels, bénéficient de la franchise (c'est-à-dire de l'exonération).

Pour les exportations, s'applique le régime dit des exportations à caractère touristique. Il s'agit des marchandises que des voyageurs résidant dans un État situé hors de l'UE emmènent avec eux. Sous certaines conditions, la TVA ne sera pas applicable lorsqu'ils achèteront le bien en France (*free taxe*).

Opérations intracommunautaires

En principe, les achats effectués par un particulier dans un État membre supportent la TVA de cet État. Par exemple, si un résident de France va faire un achat en Allemagne, cet achat sera soumis à la TVA allemande. Bien sûr, les taux peuvent être différents d'un pays à l'autre, mais il est peu à craindre que des particuliers fassent des achats importants dans d'autres États uniquement pour économiser quelques points de TVA. Les distorsions de concurrence sont donc peu importantes. Mais, justement, la loi prévoit des exceptions dans les cas où ces distorsions pourraient être significatives :

- les ventes à distance (achats par correspondance) : s'applique la TVA de l'État d'arrivée du bien ;

- moyens de transports neufs : les achats sont soumis à la TVA dans l'État membre de destination. Cela concerne notamment les achats de voitures neuves (livrées dans les 6 mois de leur première mise en service ou ayant parcouru moins de 6 000 km).

Les prestations de services

Ces opérations mettent en présence deux personnes : le prestataire et le preneur (dans la terminologie fiscale, il s'agit du client).

Leur régime est complexe : il faut distinguer les règles générales et quelques règles particulières.

La loi pose le principe général selon lequel les prestations de services fournies à des preneurs assujettis sont imposables dans l'État du preneur, quel que soit le lieu d'établissement du prestataire.

En pratique

Le régime fiscal des prestations de services

Les règles générales

Le prestataire est établi en France

- Le preneur est assujetti.

– Si le preneur est un assujetti en France, le prestataire facture la TVA française.

– Si le preneur est un assujetti dans un autre État, l'opération n'est pas imposable en France et le prestataire établit une facture hors taxe. Dans ce cas, l'opération est imposable dans l'État d'implantation de l'assujetti. Cela sera effectivement le cas si cet État est dans l'UE (puisque la TVA y est par hypothèse applicable) ; si l'État est en dehors de l'UE, le régime applicable dépendra de la législation en vigueur dans cet État.

- Le preneur est un non-assujetti.

– Si le preneur est un non-assujetti en France, le prestataire facture la TVA française.

– Si le preneur est un non-assujetti dans un autre État, la TVA française est également applicable.

Le prestataire n'est pas établi en France

- Le preneur est un assujetti en France.

– Le preneur est redevable de la TVA française, calculée selon le système de l'autoliquidation.

...

...

Exemple

Une société établie dans un pays tiers à l'Union européenne effectue dans ce pays une prestation de réparation sur un bien meuble pour le compte d'une société établie en France. La TVA française est applicable.

Fondement de ces solutions

Partons d'un exemple : une société française a besoin des services d'un avocat. Si elle fait appel à un avocat implanté en France, il lui facturera la TVA française. Si elle fait appel à un avocat implanté à l'étranger, la société devra acquitter la TVA française par la voie de l'autoliquidation.

La TVA est donc neutre et n'intervient pas dans le choix du prestataire : on ne fait pas appel à un prestataire étranger pour échapper à la TVA française, mais parce qu'on estime qu'il est meilleur que le prestataire français. C'est de la saine concurrence !

Par ailleurs, le preneur assujetti ne se voit pas facturer une TVA étrangère qu'il ne pourrait déduire (il devrait en demander le remboursement, mais la procédure est parfois un peu longue).

- Le preneur est un non-assujetti en France.

  – Si le prestataire est dans un autre État de l'UE, c'est la TVA de cet État qui s'applique.

  – Si le prestataire est dans un pays tiers (hors UE), la prestation est imposable dans cet État, mais les services fournis par voie électronique sont imposables en France.

Quelques règles particulières

- Les locations de moyens de transport de courte durée (ne dépassant pas 30 jours) sont imposables en France lorsque le moyen de transport est mis à disposition du preneur (assujetti ou non) en France. Ce dispositif concerne notamment les locations de voitures.
- Les prestations se rattachant à un immeuble (construction, réparations) sont imposables en France lorsque l'immeuble est situé en France. Cette règle s'applique aussi bien lorsque le preneur a la qualité d'assujetti que lorsque ce dernier est un non-assujetti.
- Les transports de passagers sont imposables en France en fonction des distances qui y sont parcourues (les transports de marchandises sont soumis aux règles générales).
- Les ventes à consommer sur place sont imposables dans l'État où elles sont matériellement réalisées.

Le calcul de la TVA

Il faut en premier lieu calculer la TVA brute ou TVA collecté, puis effectuer les déductions.

Savoir calculer la TVA : le mécanisme général de calcul

Le calcul de la TVA comporte deux étapes :

- La détermination de la TVA brute ou TVA collectée, qui correspond au montant de la taxe que le redevable va faire figurer sur sa facture.
- Le calcul du montant des déductions, c'est-à-dire le montant de la taxe qui a figuré sur les factures reçues par le redevable.

En principe ce calcul se fait mensuellement.

Exemple

Un redevable a effectué au cours du mois N des ventes pour un montant de 150000 € ; ces ventes sont soumises à la TVA au taux de 19,6 %.

Durant ce même mois, ce redevable a effectué des achats et a reçu des factures pour un montant total de 100000 €. Sur ces factures, figurait la TVA pour un montant total de 19600 € (100000 × 19,6 %).

Pour ce mois N, le montant de la TVA brute ou collectée est : 150000 × 19,6 % = 29400 €.

Déductions : 19600 €.

Montant de la TVA due à l'État : 29400 – 19600 = 9800 €.

On peut tirer quelques conclusions générales de ce mécanisme de calcul de la TVA :

- Le redevable se comporte comme un simple collecteur d'impôt au profit de l'État : il répercute le montant de la taxe sur le consommateur. La TVA est donc bien un impôt sur les consommateurs. Le redevable va payer l'impôt à l'État mais la charge de cet impôt est supportée par le consommateur : voilà pourquoi la TVA est un impôt indirect.
- Le montant payé à l'État correspond bien à la valeur que le redevable ajoute (dans l'exemple, il va payer 50000 × 19,6 %).

Le calcul de la TVA brute ou TVA collectée

Il faut se poser trois questions :

- À partir de quand la TVA est-elle due ? C'est la question du fait générateur et de l'exigibilité.
- Sur quelle base est-elle calculée ? C'est la question de l'assiette.
- Quel est le taux applicable ?

Le fait générateur et l'exigibilité

Selon la directive européenne, le fait générateur est le « fait par lequel sont réalisées les conditions légales nécessaires pour l'exigibilité de la taxe ».

L'exigibilité est « le droit que le Trésor peut faire valoir aux termes de la loi, à partir d'un moment donné, auprès du redevable pour le paiement de la taxe, même si le paiement peut être reporté ».

Il s'agit donc de deux notions différentes : le fait générateur, comme son nom l'indique, est un fait ; l'exigibilité est un concept juridique, le droit reconnu à l'État d'exiger le paiement de la taxe.

En pratique

La détermination du fait générateur et de l'exigibilité

Là encore, il faut distinguer les deux catégories d'opérations imposables.

Les ventes

Le fait générateur et l'exigibilité coïncident (d'où la confusion faite souvent entre ces deux concepts). Ils sont constitués par la livraison, c'est-à-dire le transfert de propriété du bien. Concrètement, les ventes doivent figurer sur la déclaration souscrite au titre du mois durant lequel est intervenu le transfert de propriété du bien.

Ajoutons deux remarques.

Le mot livraison est pris dans son sens juridique : le transfert de propriété. Dans le sens du langage courant, la livraison est la remise matérielle du bien. On peut remarquer que, la plupart du temps, les dates de ces différents événements coïncident : c'est au moment de la remise matérielle du bien qu'intervient le transfert de propriété.

...

...

En pratique

Dans la loi française, qui a repris les termes de la directive européenne, l'expression « transfert de propriété » est remplacée par « le transfert du pouvoir de disposer d'un bien corporel comme un propriétaire ». Cette formule – plus alambiquée ! – résulte des nécessités des compromis européens. Le mot livraison est tiré du Code civil français, que les autres États membres ne connaissent pas !

Les prestations de services

Le fait générateur est constitué par l'exécution du service. Mais la date importante pour le redevable est évidemment celle de l'exigibilité : elle est constituée par l'encaissement du prix. Concrètement, les prestations de services doivent figurer sur la déclaration souscrite au titre du mois durant lequel est intervenu l'encaissement du prix.

Ajoutons deux remarques.

Le prestataire de services ne fait pas l'avance de la taxe à l'État : il ne paiera que lorsque son client aura réglé la facture, ce qui est évidemment un avantage de trésorerie. Le prestataire de services est donc placé dans une situation plus favorable que le vendeur de biens.

Le prestataire de services peut opter pour le paiement d'après les débits : dans ce cas, la TVA est exigible à partir de l'inscription de la facture au débit du compte du client, ce qui coïncide le plus souvent avec l'envoi de la facture. Cette option a pour effet d'avancer la date du paiement de la taxe (elle ne peut, en revanche, avoir pour effet de retarder ce paiement). L'intérêt est pour le client du prestataire : cette option avance sa date de déduction (voir ci-après). C'est donc une bonne manière faite aux clients (lorsque l'option a été formulée, le prestataire doit l'indiquer sur ses factures). Par exemple, EDF a opté pour les débits : lisez attentivement les factures, y compris les petits caractères !

L'assiette de la TVA

D'une manière générale, la base d'imposition est constituée, aux termes de la loi, par toutes les sommes, valeurs, biens ou services reçus ou à recevoir par le fournisseur ou le prestataire, en contrepartie des opérations réalisées.

En pratique, la base d'imposition est essentiellement constituée par le prix, mais n'oublions pas la formulation générale du texte, qui permet d'inclure dans la base d'imposition des contreparties autres que les prix (par exemple, la valeur de contreparties en nature, telles que les échanges de biens).

En pratique

Le calcul de la TVA sur la marge

Dans certains cas, la TVA est calculée directement sur la marge réalisée par le vendeur, comme dans les situations suivantes :

- Les biens d'occasion (à ne pas confondre avec les biens usagés) sont des stocks (ils sont donc vendus par des négociants en biens d'occasion, des assujettis-revendeurs, selon les termes utilisés par la loi). Les biens usagés sont des immobilisations (par exemple, des matériels revendus après utilisation par l'entreprise). Leur vente est en principe imposable sur le prix total, mais l'opération peut être dispensée de TVA lorsque la cession intervient à l'occasion de la transmission d'une universalité. Par exemple, la cession d'un matériel est dispensée de TVA lorsqu'elle intervient à l'occasion de la cession d'un fonds de commerce.
- Les ventes de terrains à bâtir ou d'immeubles achevés depuis plus de 5 ans (pour lesquels une option a été formulée) lorsque l'acquisition initiale n'avait pas ouvert droit à déduction (par exemple, revente par un assujetti d'un terrain à bâtir qu'il avait acquis auprès d'un particulier).

Les taux de la TVA

Les taux usuels de la TVA se divisent en deux catégories : le taux normal et les taux réduits (à noter qu'il existe des taux particuliers en vigueur, notamment en Corse et dans les départements d'Outre-mer). Les taux s'appliquent au montant du prix hors TVA.

Le taux normal

Le taux normal est de 19,6 %. Son champ d'application est déterminé de manière négative. Il s'applique à toutes les opérations pour lesquelles un taux réduit n'est pas prévu, et notamment aux opérations et biens suivants :

- les prestations rendues par les professions libérales ;
- la plupart des produits manufacturés tels que les meubles, articles ménagers, appareils de chauffage et d'éclairage, l'habillement, les lunettes ; les téléviseurs (mais la redevance est taxée à 2,1 %), ordinateurs, fournitures scolaires, instruments de musique ; le matériel agri-

cole, les outillages industriels, les véhicules utilitaires et les voitures particulières.

- Le taux normal est applicable aux opérations portant sur les produits énergétiques suivants : gaz, électricité.
- Le taux normal de TVA s'applique aux constructions de logements neufs, à l'exception du logement social (voir ci-après, les travaux soumis au taux réduit).

À noter qu'au niveau de l'UE, les taux normaux se situent aux alentours de 21 % en moyenne.

Les taux réduits

On en compte trois, ce qui pose parfois de délicats (voire cocasses) problèmes de frontière...

Le taux réduit de 5,5 %

Il concerne pour l'essentiel les produits alimentaires solides, avec quelques exceptions, telles que certaines catégories de chocolats, la margarine et le caviar. L'eau relève de ce taux, mais les boissons alcooliques sont soumises au taux normal.

Rentrent également dans le champ d'application de ce taux, certaines prestations de services, telles que les prestations fournies dans les maisons de retraite, les cantines scolaires...

Le taux réduit de 7 %

Sont concernés les transports de voyageurs, les fournitures de logement, les ventes à consommer sur place. Ce dernier cas regroupe les restaurants, mais également des ventes de produits alimentaires préparés en vue d'une consommation immédiate (quiches, pizzas). À ce sujet, l'administration a publié le commentaire suivant : « Cette situation découle des caractéristiques du produit lorsqu'il est nécessaire de le consommer très rapidement pour que son goût ne s'altère pas ou pour que le produit ne se gâte pas. La circonstance que le client ne souhaite pas ou ne puisse pas consommer immédiatement le produit en question ne fait pas obstacle à sa taxation au taux de 7 %. »

Autre cas très important d'application du taux de 7 % : les travaux d'amélioration, de transformation, d'aménagement et d'entretien portant sur des locaux à usage d'habitation achevés depuis plus de 2 ans (mais les travaux importants assimilables à des constructions relèvent du taux normal).

Le taux particulier de 2,1 %

Il concerne les médicaments remboursables par la Sécurité sociale (les autres médicaments sont soumis au taux de 7 %), les publications de presse, la contribution à l'audiovisuel public.

Réaménagement des taux prévu à compter du 1er janvier 2014

À compter du 1er janvier 2014, le taux normal sera porté de 19,6 % à 20 %, le taux de 7 % sera fixé à 10 % et le taux réduit sera diminué de 5,5 % à 5 %.

Les déductions de la taxe facturée au redevable de la TVA

Le mécanisme des déductions est le point central du calcul de la TVA. Un redevable de la TVA peut déduire la taxe qui lui a été facturée. Normalement, pour un redevable de la TVA, le prix de revient des produits qui lui sont livrés et les prestations qui lui sont rendues doit être un prix hors taxe. La loi prévoit les conditions d'exercice du droit à déduction puis ses modalités d'application.

Les conditions d'exercice du droit à déduction

La condition de forme

Dans la plupart des cas, la justification de la déduction résulte de la mention de la TVA sur les factures reçues par le redevable. Le redevable doit donc être en mesure de présenter à l'administration fiscale les factures établies à son nom.

Les conditions de fond

Conditions de délai

Le droit à déduction prend naissance chez le redevable qui a reçu une facture au moment où la taxe devient exigible pour l'émetteur de cette facture.

EXEMPLE

Une entreprise achète des marchandises le 20 mars et le transfert de propriété intervient à cette date. Le 20 mars constitue la date de l'exigibilité pour le vendeur et par conséquent, marque la date de naissance du droit à déduction chez l'entreprise acheteuse.

La déduction doit être pratiquée sur la déclaration du mois durant lequel le droit à déduction a pris naissance. Dans cet exemple, l'entreprise pourra déduire la TVA sur la déclaration relative aux opérations du mois de mars (qu'elle déposera au mois d'avril).

Mais si l'entreprise a omis de déduire durant des mois, son droit est prolongé (c'est la péremption du droit à déduction). La taxe dont la déduction a été omise peut figurer sur les déclarations ultérieures déposées avant le 31 décembre de la deuxième année qui suit celle de l'omission.

Condition d'affectation à une activité soumise à la TVA

La taxe n'est déductible que dans la mesure où le bien ou le service est utilisé pour les besoins d'opérations imposables. La jurisprudence européenne a précisé que les biens ou services en cause doivent présenter « un lien direct et immédiat » avec les opérations taxées.

En pratique

La notion de lien direct et immédiat

La question se pose essentiellement pour certains frais, tels que les frais d'acquisition de titres de sociétés ou les frais relatifs à des opérations financières (augmentation de capital, introduction en Bourse).

La jurisprudence et l'administration fiscales adoptent un raisonnement de nature économique, plus réaliste que l'analyse strictement juridique. Par exemple, à propos d'une opération financière (introduction en Bourse, augmentation du capital), les capitaux qui sont ainsi réunis serviront au financement de l'activité économique de la société, laquelle est soumise à la TVA. Par conséquent, les frais relatifs à ces opérations rentrent dans les frais généraux de la société et la taxe qui les a grevés est déductible.

Les exclusions du droit à déduction

Par exception aux règles générales, la taxe ayant grevé certains biens ou services n'est pas déductible. Il s'agit des véhicules conçus pour transporter des personnes (essentiellement les automobiles, sauf exceptions comme les taxis), les dépenses de logement au profit des dirigeants et du personnel.

Les modalités d'application du droit à déduction

Le principe de l'imputation et le remboursement éventuel du crédit de taxe

La TVA étant calculée en principe mensuellement, le total de la TVA déductible du mois est imputé (c'est-à-dire déduit) du montant de la TVA collectée du même mois. Le redevable doit acquitter la différence.

Si le montant de la TVA déductible est supérieur au montant de la TVA collectée, le redevable dispose d'un crédit de taxe. Le redevable peut demander à l'administration fiscale le remboursement mensuel de son crédit de taxe, à condition que la demande de remboursement porte sur un montant minimum de 760 €.

Le calcul du montant de la taxe déductible

Comme on l'a indiqué précédemment, une des conditions de l'exercice des déductions est l'affectation du bien ou du service à une activité soumise à la TVA. Or, il peut arriver que cette affectation ne soit que partielle. Dans ces situations, la déduction ne sera pas totale.

La réglementation fiscale prévoit que la taxe facturée par les fournisseurs ou prestataires est déductible en fonction d'un coefficient de déduction.

En pratique

Le calcul du coefficient de déduction

La formule de calcul est :

Coefficient de déduction = coefficient d'assujettissement × coefficient de taxation × coefficient d'admission

Naturellement, si un des trois coefficients est égal à 0 le coefficient de déduction est nul et par conséquent, la taxe n'est pas déductible.

Coefficient d'assujettissement

Ce coefficient est égal, pour chaque bien ou service, à la proportion d'utilisation de ce bien ou service à des opérations entrant dans le champ d'application de la TVA. Pour déterminer les proportions d'affectation, on peut recourir à des critères physiques (surface, temps d'utilisation).

Comme on l'a déjà indiqué, il faut distinguer les opérations « en dehors du champ d'application de la TVA » des opérations « exonérées ». Ces dernières sont incluses dans le champ d'application de la TVA, mais elles sont expressément exonérées en vertu d'une disposition législative.

EXEMPLE

> (Cet exemple figure dans les commentaires administratifs.)
>
> Un entrepreneur individuel A acquiert pour 1 M € hors taxe (plus 196 000 € de TVA) un immeuble neuf de 245 mètres carrés, qu'il entend affecter en partie à son entreprise. Il décide de conserver dans son patrimoine privé la partie de l'immeuble qu'il réserve à son usage privatif (logement à usage d'habitation), d'une surface de 85 mètres carrés. Cette partie de l'immeuble est donc affectée à une opération placée hors du champ d'application de la TVA.
>
> Le coefficient d'assujettissement de l'immeuble, déterminé l'année de son acquisition, est égal à
>
> 245 – 85/245, soit 0,65306... arrondi à 0,66.

Coefficient de taxation

Ce coefficient traduit le principe selon lequel, au sein des opérations entrant dans le champ d'application de la TVA, seule peut être déduite la taxe grevant des biens ou des services utilisés à des opérations ouvrant droit à déduction, c'est-à-dire essentiellement des opérations qui ne sont pas exonérées de la TVA.

EXEMPLE

> (Suite de l'exemple précédent)
>
> Cet entrepreneur A exerce trois activités distinctes au regard des règles applicables en matière de TVA :
>
> - une activité de conseil soumise à la taxe de plein droit (chiffre d'affaires annuel, 100) ;
> - une activité de formation professionnelle exonérée (chiffre d'affaires annuel, 50) ;
> - il décide de louer une partie de ses locaux nus à usage professionnel, en optant pour la taxation de ses loyers (chiffre d'affaires annuel, 150).
>
> La fraction de l'immeuble affectée à l'activité exonérée n'ouvre pas droit à déduction. D'où le coefficient de taxation de l'immeuble : (100 + 150)/ (150 + 50 + 100), soit 0,8333... arrondi à 0,84.

Coefficient d'admission

Ce coefficient tire les conséquences des exclusions de droit à déduction concernant certains biens ou services. Pour les biens et prestations de services exclus du droit à déduction, le coefficient d'admission est de 0 et par conséquent, le coefficient de déduction est nul.

EXEMPLE

(Suite de l'exemple précédent)

L'entrepreneur acquiert une voiture de tourisme pour une valeur de 20 000 € hors taxe, plus 3 920 € de TVA.

Pour la voiture, qui est un bien exclu du droit à déduction, le coefficient d'admission est de 0 ; la TVA de 3 920 € n'est donc pas déductible.

En revanche, pour l'immeuble, le coefficient d'admission est de 1 (puisque l'immeuble n'est pas exclu du droit à déduction). Pour calculer le montant de la TVA déductible sur l'immeuble, il faut multiplier les trois coefficients :

Coefficient de déduction = 0,66 × 0,84 × 1, soit 0,5544 arrondi à 0,56.

Montant de la TVA déductible sur l'immeuble : 196 000 × 0,56 = 109 760 €.

Les régularisations de déductions

Les déductions ne sont pas nécessairement définitives. Un certain nombre d'événements peuvent entraîner leur régularisation en plus ou en moins.

En pratique

Les cas de régularisations de déductions

La réglementation fiscale distingue deux séries d'hypothèses.

Les biens autres que les immobilisations et les services

Ce cas concerne essentiellement les marchandises qui sont en stock et les services. Le montant de la taxe dont la déduction a déjà été opérée doit être reversé dans les cas suivants :

- lorsque les marchandises ont disparu ;
- lorsque les biens ou services ayant fait l'objet d'une déduction de la taxe qui les avait grevés ont été utilisés pour une opération qui n'est pas effectivement soumise à l'impôt.

...

...

Les biens constituant des immobilisations

Le terme est retenu dans son sens comptable, il englobe les immeubles ou les matériels et équipements.

Les régularisations interviennent en cas de cession de ces immobilisations, dans les 5 ans de l'acquisition pour les matériels, équipements, et dans les 20 ans pour les immeubles. C'est la période de régularisation.

La régularisation consiste en un reversement de la taxe antérieurement déduite, si la cession elle-même n'est pas soumise à la TVA. L'explication est la suivante : si la cession du bien n'est pas soumise à la TVA, ce bien sort du champ d'application de la TVA et à partir de ce moment, les conditions d'exercice des déductions ne sont plus remplies.

Exemple

Une entreprise acquiert un immeuble pour un prix de 1 M €, plus 196 000 € de TVA. Son coefficient de déduction était de 0,4 et l'entreprise a pu déduire initialement pour 78 400 € de TVA (196 000 × 0,4). Au cours de l'année N + 7, l'entreprise cède son immeuble et cette cession n'est pas soumise à la TVA (l'entreprise n'a pas opté).

Le coefficient de déduction de l'entreprise est donc réputé passer de 0,4 à 0 pendant les années restantes de la période de régularisation (soit 12 ans car, s'agissant d'un immeuble, la régularisation se fait sur 20 ans, soit par vingtièmes et chaque année commencée est comptée comme une année entière).

Pour chaque année, elle devrait donc régulariser 196 000/20 × (0 – 0,4) = 3 920 €. Elle doit procéder à la régularisation sur 12 ans, soit le montant total à reverser : 3 920 × 12 = 47 040 €.

L'acquéreur de l'immeuble pourra déduire cette somme s'il affecte l'immeuble à une activité soumise à la TVA (il calculera la déduction en fonction de son propre coefficient de déduction). Le vendeur lui délivrera une attestation mentionnant le montant de la taxe régularisée (47 040 € dans l'exemple). Cette attestation joue en quelque sorte le rôle d'une facture.

Mais des compléments de déduction peuvent être effectués si le coefficient de déduction augmente au cours de la période de régularisation.

...

...

Exemple

Un entrepreneur individuel a acquis en année N un immeuble pour un montant d'1 M € hors taxe, auxquels s'ajoutent 196000 € de TVA. Cet immeuble a été affecté à 20 % à un usage privé (son coefficient d'assujettissement est donc égal à 0,8). L'entrepreneur individuel exerce une activité de formation professionnelle, exonérée de TVA. Le coefficient de taxation de l'immeuble est donc nul, tandis que son coefficient d'admission est égal à l'unité.

En N + 9, cet entrepreneur débute une activité de conseil, soumise à la taxe, de telle sorte que le coefficient de taxation de l'immeuble, affecté de manière mixte aux activités, se révèle égal à 0,3. L'entrepreneur est en droit de déduire une fraction de la taxe initialement supportée, calculée comme suit :

Nombre d'années restant à courir jusqu'à l'expiration de la période de régularisation : 10 (19 – 9, chaque année commencée est comptée comme une année entière).

Son coefficient de déduction sera de 0,8 × 0,3 × 1 = 0,24, alors qu'il était de 0 auparavant (coefficient de taxation égal à 0).

Donc le complément de régularisation pour une année est de : 0,24 × 196000/20 = 2 352 €.

Déduction complémentaire totale : 2352 × 10 = 23520 €.

Les secteurs distincts d'activité

Les secteurs distincts sont constitués lorsqu'un assujetti a des secteurs d'activité qui ne sont pas soumis à des dispositions identiques au regard de la TVA. Concrètement, les comptes de l'entreprise doivent suivre distinctement, par secteur, les acquisitions de biens ou de services. L'entreprise doit affecter les biens et le personnel dans chacun des secteurs. Les conséquences fiscales sont les suivantes :

- La détermination du montant des déductions est opérée distinctement pour chaque secteur (on calcule le coefficient de déduction pour chaque secteur).
- Pour les biens d'affectation mixte (à plusieurs secteurs), les déductions sont calculées en fonction du coefficient de déduction global de l'entreprise.

- La taxe sur les salaires est également calculée en fonction de l'affectation du personnel dans les secteurs : les salaires des personnels affectés au secteur d'activités soumis à la TVA ne sont pas passibles de la taxe sur les salaires. En revanche, cette taxe est due sur les salaires des personnes affectés aux activités qui ne sont pas soumises à la TVA. Pour les personnels d'affectation mixte la taxe sur les salaires est due en proportion de l'affectation aux activités non soumises à la TVA.

EXEMPLE

Une société *holding*, dont l'activité consiste d'une part, à détenir des participations dans des sociétés, desquelles elle perçoit des produits (dividendes et quote-part de bénéfices) placés hors du champ d'application de la TVA et, d'autre part, à fournir à ces filiales des prestations de services (notamment en gestion financière, commerciale et comptable) soumises à la TVA, constitue des secteurs distincts, pour chacune de ces activités.

Pour le secteur des dividendes, le coefficient de déduction est 0 (opérations hors du champ d'application de la TVA et le coefficient d'assujettissement est donc de 0). La TVA ayant grevé les biens affectés à ce secteur n'est pas déductible et les salaires des personnes employées dans ce secteur supportent la taxe sur les salaires (mais les salariés sont très peu nombreux dans ce secteur).

Pour le secteur des prestations de services, le coefficient de déduction est 1 (car ces opérations sont intégralement soumises à la TVA) et les salaires des personnels échappent à la taxe sur les salaires.

Pour les biens d'affectation mixte, on applique le coefficient de déduction global de la société.

Pour les personnels d'affectation mixte, la taxe sur les salaires est due en proportion de l'affectation aux activités non soumises à la TVA. Point important, la jurisprudence estime que le PDG est réputé avoir une affectation mixte, d'où le paiement partiel de la taxe sur les salaires sur sa rémunération.

Les formalités incombant aux redevables de la TVA

La tenue d'une comptabilité

Les redevables sont soumis à des obligations générales, telles que la tenue d'une comptabilité. Une des exigences posées par la loi fiscale est que si l'entreprise réalise des opérations passibles de taux différents, la comptabilité doit faire apparaître la ventilation des recettes entre les différents taux applicables.

La rédaction de factures

Les redevables ont l'obligation de délivrer des factures (la réalisation d'opérations sans facture est lourdement sanctionnée). Les factures doivent comporter obligatoirement des mentions précisées dans la loi et notamment : l'identification des parties, le montant du prix hors taxe, le taux et le montant de la TVA, le montant du prix TVA comprise.

La déclaration et le paiement de la TVA

Les redevables doivent souscrire une déclaration mensuellement. Ils calculent eux-mêmes le montant de la taxe due et ils joignent le paiement. Bien entendu, l'administration fiscale contrôle ces déclarations.

Lorsque la taxe exigible annuellement est inférieure à 4 000 €, les redevables peuvent déposer leurs déclarations par trimestre civil.

Les entreprises dont le chiffre d'affaires annuel n'excède pas 777 000 € pour les ventes ou 234 000 € pour les prestations de services, peuvent bénéficier d'un régime simplifié. Ces entreprises ne souscrivent pas de déclaration en cours d'année. Elles versent quatre acomptes trimestriels, calculés à partir de la taxe acquittée l'année précédente. Elles doivent déposer une déclaration annuelle, à l'occasion de laquelle une régularisation des versements est effectuée en fonction de la taxe réellement due durant cette année.

Enfin, les entreprises dont le chiffre d'affaires n'excède pas 81 500 € pour les ventes ou 32 600 € pour les prestations de services, bénéficient du régime de la franchise, c'est-à-dire qu'elles sont exonérées de la TVA. L'inconvénient est qu'elles ne peuvent pas déduire la TVA qui a grevé l'acquisition de biens ou de services. La loi prévoit qu'elles peuvent opter pour le paiement de la TVA.

Faites le point

- La TVA s'applique aux activités économiques réalisées par des assujettis agissant en tant que tels.
- Les exonérations ne sont pas nécessairement favorables et certaines opérations peuvent être imposables sur option formulée par l'entreprise.
- Les règles de territorialité ont été unifiées au niveau européen : les exportations et les livraisons intracommunautaires sont exonérées, tandis que les importations et les acquisitions intracommunautaires sont imposables.
- Le calcul de la TVA s'opère en deux étapes : le calcul de la TVA collectée et l'imputation des déductions.
- Le montant des déductions est obtenu après le calcul du coefficient de déduction.
- Les déductions ne sont pas nécessairement définitives ; dans certaines situations, des régularisations peuvent intervenir.

Se tester

		vrai	faux
1	■ Les opérations de gestion du patrimoine sont soumises à la TVA.	■	■
2	■ Le vendeur d'un immeuble achevé depuis plus de 5 ans peut opter pour le paiement de la TVA.	■	■
3	■ Les exportations sont soumises à la TVA au taux 0.	■	■
4	■ Un assujetti peut être amené à facturer une TVA étrangère.	■	■
5	■ Une prestation de service rendue à un preneur assujetti est imposable dans l'État du preneur.	■	■
6	■ Pour les ventes, le fait générateur et l'exigibilité coïncident.	■	■
7	■ Le montant de la taxe déductible est déterminé à partir du coefficient de déduction.	■	■
8	■ Les petites entreprises peuvent échapper à la TVA grâce au système de la franchise.	■	■

(Réponses p. 155)

À VOUS DE JOUER

1. Une entreprise française acquiert du matériel informatique pour un montant de 50 000 € auprès d'une entreprise assujettie en Allemagne.

Elle vous demande de lui préciser le régime de TVA applicable à cette opération.

2. L'entreprise vous donne ensuite quelques indications sur l'affectation de ce matériel :

> Le matériel informatique est affecté pour 20 % de son temps d'utilisation à l'encaissement de dividendes.

> Par ailleurs, ce matériel est affecté à une activité de formation professionnelle exonérée (chiffre d'affaires, 50) et à une activité de conseil soumise à la TVA (chiffre d'affaires, 150).

L'entreprise vous demande de lui préciser le montant de la TVA qu'elle pourra déduire.

Nos conseils

1. Il faut tout d'abord identifier la nature de l'opération réalisée par l'entreprise : l'entreprise française réalise une acquisition intracommunautaire, puisqu'elle acquiert un bien auprès d'un assujetti d'un autre État de l'UE.

Il faut ensuite tirer les conséquences pratiques de cette analyse : le vendeur allemand va délivrer une facture hors taxe à l'entreprise française. Celle-ci devra calculer la TVA sous le régime de l'autoliquidation.

Le montant de la TVA brute sera de 50 000 × 19,6 % = 9 800 €.

2. Rappelons d'abord le principe : la TVA calculée selon le régime de l'autoliquidation peut être déduite dans les conditions de droit commun. Il faut donc calculer le coefficient de déduction applicable à ce matériel informatique.

Coefficient d'assujettissement : l'encaissement des dividendes est une opération placée hors du champ d'application de la TVA (ce n'est pas une activité économique). Le coefficient d'assujettissement est de 0,8 (car le matériel est affecté pour 80 % à des activités placées dans le champ d'application de la TVA).

Coefficient de taxation : 150/200 = 0,75 (c'est-à-dire le rapport entre le chiffre d'affaires soumis à la TVA et le total du chiffre d'affaires entrant dans le champ d'application).

Le coefficient d'admission est 1 (le matériel informatique n'est pas exclu du droit à déduction).

Coefficient de déduction : 0,8 × 0,75 × 1 = 0,6.

Montant déductible : 9 800 × 0,6 = 5 880 €.

réponses

1 ▪ Faux

La gestion du patrimoine n'est pas considérée comme une activité économique.

2 ▪ Vrai

L'intérêt est que s'il a déduit la TVA sur l'acquisition de l'immeuble, le fait d'opter pour le paiement de la TVA sur la vente lui permet d'éviter les régularisations de déduction.

3 ▪ Vrai

Sur le plan technique, les exportations sont exonérées mais le droit à déduction est conservé, ce qui équivaut à l'application d'un taux 0.

4 ▪ Faux

La réglementation communautaire s'efforce d'éviter cette conséquence, grâce à l'application du mécanisme de l'autoliquidation.

5 ▪ Vrai

Cela permet d'assurer la neutralité de la TVA et d'éviter que des assujettis se voient facturer une TVA étrangère qu'ils ne pourraient pas déduire (mais dont ils devraient demander le remboursement).

6 ▪ Vrai

Le fait générateur et l'exigibilité sont constitués par la livraison, c'est-à-dire le transfert de propriété du bien.

7 ▪ Vrai

Le coefficient de déduction est égal au produit de trois coefficients : le coefficient d'assujettissement, le coefficient de taxation et le coefficient d'admission.

8 ▪ Vrai

Mais cette situation ne leur est pas toujours favorable, car les petites entreprises ne peuvent pas déduire la taxe qui leur a été facturée sur les biens qu'elles achètent ou sur les services qu'elles reçoivent.

7 La contribution économique territoriale

Se poser les bonnes questions

La contribution économique territoriale (CET) a remplacé la taxe professionnelle à compter de 2010. Elle est composée d'une cotisation foncière des entreprises et d'une cotisation sur la valeur ajoutée des entreprises. La CET est perçue au profit des communes et des établissements publics de coopération intercommunale.

- L'entreprise possède-t-elle des immeubles passibles de la cotisation foncière des entreprises (CFE) ?
- L'entreprise est-elle passible de la cotisation sur la valeur ajoutée des entreprises, compte tenu du montant de son chiffre d'affaires ?

La cotisation foncière des entreprises (CFE)

Le champ d'application de la CFE

La loi définit les personnes imposables, mais de nombreuses exonérations sont prévues.

Les personnes et activités imposables

La CFE est due par toutes les personnes (personnes physiques ou sociétés) qui exercent à titre habituel une activité professionnelle non salariée.

Il s'agit essentiellement des personnes qui exercent une activité industrielle, commerciale, libérale, sous réserve des nombreuses exonérations.

Par conséquent, les personnes qui gèrent leur patrimoine privé ne sont pas imposables. Toutefois, la loi prévoit l'imposition des activités de location d'immeubles, autres que ceux affectés à l'habitation, si le bailleur retire de cette location des recettes annuelles supérieures à 100 000 €.

Les exonérations

On en distingue deux grandes catégories : les exonérations de plein droit prévues par la loi et les exonérations qui sont subordonnées à une décision prise par les collectivités territoriales bénéficiaires de la CFE.

Les exonérations de plein droit

Sont dénommées exonérations de plein droit les mesures qui exonèrent de CFE les redevables sans intervention d'une décision des collectivités territoriales. Les principales exonérations sont les suivantes :

- les artisans qui travaillent seuls ou avec une main-d'œuvre familiale limitée ;
- les activités et organismes agricoles (notamment les coopératives agricoles qui n'emploient pas plus de 3 salariés) ;
- certaines activités libérales : par exemple, les établissements d'enseignement ayant passé un contrat d'association avec l'État ;
- certaines activités industrielles ou commerciales, comme les éditeurs de feuilles périodiques et les auto-entrepreneurs (sous certaines conditions, pour une période de 2 ans à compter de la date de création de l'entreprise).

Les exonérations et abattements facultatifs

Les entreprises qui exploitent un ou plusieurs établissements ou qui réalisent certaines activités peuvent bénéficier d'exonérations ou d'abattements de CFE dits facultatifs, car accordés sur décision ou en l'absence de délibération contraire des collectivités territoriales.

Les exonérations et abattements facultatifs de CFE peuvent être :

- soit permanents : dans cette hypothèse, ils s'appliquent tant que la délibération de la collectivité territoriale concernée le permet ; par exemple, les loueurs en meublé qui louent ou sous-louent tout ou partie de leur habitation personnelle ;
- soit temporaires : ils s'appliquent alors pour une durée limitée.

Ces mesures de faveur sont liées, d'une manière générale, à la politique de l'aménagement du territoire.

En pratique

Les principales mesures liées à la politique d'aménagement du territoire

Dans certaines zones – délimitées par voie réglementaire –, les collectivités territoriales peuvent exonérer totalement ou partiellement de CFE les entreprises qui procèdent, sur leur territoire, à des créations, des extensions d'activités ou des reprises d'établissement en difficulté. Les zones concernées sont les zones d'aide à finalité régionale (zones AFR) et les zones d'aide à l'investissement des PME. L'exonération est d'une durée maximale de 5 ans et elle est accordée, selon les cas, soit sur simple demande, soit après agrément.

Dans les zones de revitalisation rurale (ZRR), les entreprises qui effectuent ces opérations sont exonérées, sauf délibération contraire des collectivités territoriales concernées.

Les collectivités territoriales peuvent instituer une exonération temporaire (d'une durée maximale de 5 ans) en faveur des créations ou des extensions réalisées par des PME dans des zones urbaines sensibles (ZUS). Les créations et extensions réalisées par des petites entreprises dans des zones franches urbaines (ZFU) peuvent bénéficier d'une exonération de CFE d'une durée de 5 ans (suivie par l'application d'un abattement dégressif pendant 3 ou 9 ans pour les entreprises employant moins de 5 salariés).

Le calcul de la CFE

Il faut déterminer la base d'imposition et appliquer le taux de la cotisation.

La base d'imposition

Règles générales

Elle est constituée par la valeur locative des biens passibles de la taxe foncière (il s'agit essentiellement des immeubles) dont l'entreprise a disposé pour les besoins de son activité professionnelle pendant l'avant-dernière année précédant celle de l'imposition. Selon les termes de la loi, il s'agit de la période de référence.

EXEMPLE

Pour le calcul de la CFE de 2012, sont pris en considération les immeubles possédés en 2010 (et déclarés en 2011).

En pratique

Les modalités d'évaluation des valeurs locatives

- La valeur locative des locaux à usage professionnel est déterminée par comparaison avec celle de locaux de référence choisis dans la commune.
- La valeur locative des locaux commerciaux est fixée soit en fonction du montant des loyers pour les locaux donnés en location dans des conditions normales, soit par comparaison avec des locaux choisis dans la commune (notamment pour les locaux occupés par leur propriétaire), soit à défaut par voie d'appréciation directe.

Mais ces règles d'évaluation sont devenues vétustes. En effet, la valeur locative des immeubles commerciaux faisant l'objet d'une location consentie à des conditions de prix normales au 1er janvier 1970 doit être fixée d'après le bail en vigueur à cette date. La valeur locative des immeubles à usage commercial pris en location postérieurement au 1er janvier 1970 doit être évaluée par comparaison ou, à défaut, par voie d'appréciation directe.

La loi a donc prévu une actualisation de ces calculs : à compter de 2015, la valeur locative sera déterminée en fonction de l'état du marché locatif. La date de référence sera le 1er janvier 2012. Cette actualisation concernera les locaux commerciaux et les locaux à usage professionnel.

- La valeur locative des établissements industriels (définis comme ceux dont l'activité nécessite l'utilisation d'importants moyens techniques) est déterminée à partir d'une méthode comptable (application de coefficients au prix de revient des biens).

Réductions de la base d'imposition

Elles concernent notamment les artisans qui emploient au plus 3 salariés : le montant de la réduction est de trois quarts de la base lorsqu'ils emploient 1 salarié, de la moitié lorsqu'ils emploient 2 salariés ou d'un quart lorsqu'ils emploient 3 salariés.

Valeur locative plancher

Des règles particulières sont prévues pour le calcul des valeurs locatives des biens acquis à la suite d'apports, de scissions, de fusions de sociétés ou de cessions d'établissements.

La loi prévoit que la valeur locative ne peut être inférieure à 80 % de la valeur locative retenue l'année de l'opération. Le seuil est porté à 90 % pour les opérations réalisées au sein d'un groupe d'intégration fiscale. Le seuil est de 100 % lorsque directement ou indirectement les deux entreprises parties à l'opération se contrôlent ou sont contrôlées par la même entreprise.

Le seuil est ramené à 50 % pour des cessions intervenant dans le cadre d'un plan de sauvegarde, de redressement ou de liquidation judiciaire.

Le montant de la CFE

Principe

Le montant de la CFE est obtenu en multipliant la base d'imposition par le taux voté par les organes délibérants des communes (conseil municipal) ou des établissements de coopération intercommunale.

Cotisation minimum

Le conseil municipal doit voter une base forfaitaire (variable en fonction du montant des recettes de l'entreprise). Le montant de la cotisation minimum est obtenu en multipliant cette base forfaitaire par le taux de la CFE voté par le conseil municipal (ou le conseil de l'établissement de coopération intercommunale).

Dégrèvement pour diminution des bases d'imposition

Comme on l'a indiqué précédemment, la base d'imposition est constituée par la valeur locative des biens possédés l'avant-dernière année précédant l'année de l'imposition. En cas de diminution de la base entre l'avant-dernière année et la dernière année précédant l'imposition, la loi prévoit l'application d'un dégrèvement correspondant à la différence entre les bases afférentes à ces deux années.

Par exemple, si l'année d'imposition est l'année N, la période de référence est N – 2.

Selon la jurisprudence du Conseil d'État, le dégrèvement doit être calculé en appliquant le taux de l'année N à la différence entre les bases d'imposition des années N – 1 et N – 2.

En pratique

Les formalités à la charge des entreprises

Les entreprises doivent souscrire une déclaration annuelle contenant les éléments permettant de calculer la base d'imposition, avant le deuxième jour ouvré suivant le 1er mai. Cependant, la déclaration n'est exigée que si la consistance des locaux a changé ou si une demande d'exonération facultative a été formulée.

Les entreprises doivent acquitter un acompte de 50 % de la CFE de l'année précédente si celle-ci a dépassé 3 000 €. Les entreprises dont le chiffre d'affaires est supérieur à 230 000 € doivent acquitter la CFE par télérèglement.

La cotisation sur la valeur ajoutée des entreprises

La cotisation sur la valeur ajoutée des entreprises (CVAE) est calculée selon des règles déterminées par la loi, mais son produit est réparti entre les régions (25 %), les départements (48,5 %) et les communes (26,5 %). Les collectivités territoriales n'ont donc aucun pouvoir sur la fixation des taux de la CVAE (à la différence de la CFE).

Le champ d'application de la CVAE

Le champ d'application de la CVAE est comparable à celui de la CFE (activités imposables et exonérations). Mais seules les entreprises dont le chiffre d'affaires est supérieur à 152 000 € entrent dans le champ d'application de la CVAE. Toutefois, compte tenu du mécanisme de calcul de la CVAE, seules les entreprises dont le chiffre d'affaires est supérieur à 500 000 € doivent payer effectivement la CVAE.

Savoir distinguer les entreprises assujetties des entreprises redevables de la CVAE

Les entreprises assujetties qui doivent souscrire les déclarations sont celles dont le chiffre d'affaires est supérieur à 152 000 €. Mais un système de dégrèvement conduit à rendre redevables uniquement les entreprises dont le chiffre d'affaires dépasse 500 000 €.

L'explication est la suivante : les ressources encaissées par les collectivités territoriales sont calculées à partir de la valeur ajoutée des entreprises dont le chiffre d'affaires dépasse 152 000 €. Mais les entreprises dont le chiffre d'affaires est inférieur à 500 000 € sont dégrevées et ce dégrèvement est pris en charge par l'État. Les collectivités territoriales encaissent, ces entreprises ne paient pas, c'est l'État qui paye ! Beau compromis !

Le calcul de la CVAE

La base de calcul : la valeur ajoutée

La CVAE est calculée en fonction de la valeur ajoutée produite au cours de l'année d'imposition, qui est donc la période de référence (différente de celle retenue pour le calcul de la CFE).

La valeur ajoutée est égale à la différence entre le chiffre d'affaires et un certain nombre de charges (les achats, les services extérieurs...). La valeur ajoutée ne peut excéder un pourcentage du chiffre d'affaires : 80 % pour les entreprises dont le chiffre d'affaires est inférieur ou égal à 7,6 millions €, 85 % pour les entreprises dont le chiffre d'affaires est supérieur à 7,6 millions €.

Le taux

Le taux est de 1,5 % pour l'ensemble des contribuables. Mais un mécanisme de dégrèvement est prévu par la loi. Le montant du dégrèvement varie en fonction du chiffre d'affaires de l'entreprise. À partir de ce mécanisme, l'entreprise peut calculer son taux effectif.

Jusqu'à 500 000 € de chiffre d'affaires, le taux effectif est de 0 %. Ensuite, le taux effectif monte progressivement. Il ne devient égal au taux théorique de 1,5 % que pour les entreprises dont le chiffre d'affaires est supérieur à 50 millions €.

En pratique

Le calcul du taux effectif (d'après les commentaires administratifs)

Si le montant du CA HT est	Le taux d'imposition effectif est égal à
< 500000 €	0,00 %
500000 € ≤ CA ≤ 3000000 €	0,5 % × (montant du chiffre d'affaires – 500000 €)/ 2500000 €
3000000 € < CA ≤ 10000000 €	0,5 % + 0,9 % × (montant du chiffre d'affaires – 3000000 €)/ 7000000 €
10000000 € < CA ≤ 50000000 €	1,4 % + 0,1 % × (montant du chiffre d'affaires – 10000000 €)/ 40000000 €
> 50000000 €	1,50%

Remarques

- Un dégrèvement complémentaire de 1 000 € est accordé aux entreprises dont le chiffre d'affaires est inférieur à 2 millions €.
- Pour les sociétés membres d'un groupe d'intégration fiscale, le chiffre d'affaires à retenir s'entend de la somme des chiffres d'affaires de chacune des sociétés membres du groupe (sauf, cas rare, si la société mère bénéficie du taux réduit de l'impôt sur les sociétés).

Montant minimum de la CVAE

Pour les entreprises dont le chiffre d'affaires est supérieur à 500000 €, le montant de la CVAE ne peut être inférieur à 250 €.

En pratique

Les formalités à la charge des entreprises

Les entreprises dont le chiffre d'affaires dépasse 152000 € doivent déclarer le montant de leur valeur ajoutée, avant le deuxième jour ouvré suivant le 1er mai.

Le paiement se fait sous forme de deux acomptes (si le montant de la CVAE de l'année précédente est supérieur à 3000 €) versés avant le 15 juin et le 15 septembre. La liquidation définitive est déterminée sur une déclaration qui doit être télétransmise avant le deuxième jour ouvré suivant le 1er mai.

Le plafonnement de la contribution économique territoriale

Le montant total de la CFE et de la CVAE ne peut dépasser 3 % de la valeur ajoutée. Si le total dépasse cette limite, l'entreprise peut demander un dégrèvement.

Faites le point

- La contribution économique territoriale est composée de deux impôts distincts : la cotisation foncière des entreprises (CFE) et la cotisation sur la valeur ajoutée des entreprises (CVAE).
- La CFE est calculée sur la valeur locative des immeubles utilisés pour les besoins de l'activité professionnelle. Son taux est fixé par les conseils municipaux ou les organes délibérants des établissements publics de coopération intercommunale.
- La CVAE est calculée sur la valeur ajoutée produite par l'entreprise. Elle est payée par les entreprises dont le chiffre d'affaires est supérieur à 500 000 €. Son taux est fixé par la loi.
- La contribution économique territoriale est plafonnée à 3 % de la valeur ajoutée produite par l'entreprise.

Se tester

		vrai	faux
1	■ Les exonérations liées à la politique d'aménagement du territoire sont temporaires.	■	■
2	■ Pour l'application de la CFE, les établissements industriels sont définis en fonction de la nature de leurs activités.	■	■
3	■ Pour le calcul de la base d'imposition de la CFE, on se réfère aux immeubles possédés l'avant-dernière année précédant l'année d'imposition.	■	■
4	■ La cotisation minimum de CFE est calculée à partir d'une base déterminée par le conseil municipal.	■	■
5	■ On distingue les entreprises rentrant dans le champ d'application de la CVAE et les entreprises redevables de la CFE.	■	■
6	■ Le taux légal de la CVAE est de 1,5 %.	■	■
7	■ Le montant minimal de la CVAE est de 250 €.	■	■
8	■ Le total de la CFE et de la CVAE est plafonné.	■	■

(Réponses p. 170)

À VOUS DE JOUER

1. Une société réalise un chiffre d'affaires de 7 M € et sa valeur ajoutée est de 5,8 M €.

Elle vous demande de calculer la CVAE qu'elle devra acquitter.

2. Un groupe fiscalement intégré a pour membres quatre sociétés : A (société mère), B, C et D. A ne bénéficie pas du taux réduit d'impôt sur les sociétés.

> A a réalisé au cours de la période de référence un chiffre d'affaires (CA) de 4 M € ;

> B, un CA de 5 M € ;

> C, un CA de 400 000 € ;

> D, un CA de 120 000 €.

Calculez le taux effectif d'imposition de ces sociétés.

Nos conseils

1. Il faut se référer au montant du chiffre d'affaires. Il est inférieur à 7,6 M €. Par conséquent, le montant de la valeur ajoutée est plafonné à 80 % du montant du chiffre d'affaires, soit 5,6 M €. Ensuite, le taux effectif de la CVAE est déterminé en appliquant les règles prévues dans les commentaires administratifs :

Le chiffre d'affaires est compris entre 3 M € et 10 M €.

Chiffre d'affaires : 7 M €

Taux effectif d'imposition : 0,5 + [0,9 × (7 000 000 € – 3 000 000 €)]/ 7 000 000 € = 1, 0142 arrondi à 1,01 (centième le plus proche).

Calcul de la CVAE : 5 600 000 × 1,01 % = 56 560 €.

2. La solution passe par trois étapes :

> En premier lieu, l'identification des sociétés qui sont assujetties à la CVAE : dans ce groupe, seules les sociétés A, B et C, dont les CA réalisés au cours de la période de référence appréciés séparément excèdent 152 500 €, sont assujetties à la CVAE.

> En second lieu, la détermination du taux effectif d'imposition des sociétés. Pour le calcul de ce taux, la loi impose de retenir la somme des chiffres d'affaires réalisés par toutes les sociétés du groupe : 4 000 000 + 5 000 000 + 400 000 + 120 000 = 9 520 000 €

(il est tenu compte du CA de la société D même s'il est inférieur à 152 500 €).

> Le chiffre d'affaires à prendre en compte est compris entre 3 M € et 10 M €. Taux effectif d'imposition : 0,5 + [0,9 × (9 520 000 € – 3 000 000 €)]/ 7 000 000 € = 1,3382, arrondi à 1,34.

réponses

1 ▪ Vrai

D'une manière générale, la durée de l'exonération ne peut dépasser 5 ans.

2 ▪ Faux

Les établissements industriels sont ceux dont l'activité nécessite d'importants moyens techniques.

3 ▪ Vrai

Il s'agit de la période de référence.

4 ▪ Vrai

Cette base doit être comprise, pour 2012, entre 206 € et 2 065 € (qui peut être porté à 6 000 € pour les contribuables dont le chiffre d'affaires est égal ou supérieur à 100 000 €). La cotisation minimum est obtenue en multipliant cette base par le taux de CFE voté par le conseil municipal.

5 ▪ Vrai

Les entreprises dont le chiffre d'affaires dépasse 152 500 € rentrent dans le champ d'application de la CVAE mais, compte tenu des règles de calcul de la CVAE, seules les entreprises dont le chiffre d'affaires dépasse 500 000 € doivent acquitter cet impôt.

6 ▪ Vrai

Mais la loi prévoit un mécanisme de dégrèvement qui conduit à distinguer le taux légal de 1,5 % et le taux effectif. Seules les entreprises dont le chiffre d'affaires dépasse 50 M € sont soumises au taux de 1,5 %.

7 ▪ Vrai

La cotisation minimale s'applique aux entreprises dont le chiffre d'affaires dépasse 500 000 €.

8 ▪ Vrai

Le plafond est fixé à 3 % de la valeur ajoutée produite par l'entreprise.

8 Les transmissions d'entreprises

Se poser les bonnes questions

Les transmissions d'entreprises donnent lieu à de nombreuses impositions, tant pour l'acquéreur que pour le cédant. Par ailleurs, les impositions peuvent être différentes en fonction de la motivation de la transmission. Par exemple, les mutations motivées par un départ en retraite (qui sont privilégiées) se distinguent des mutations intervenant en cours d'activité.

- Quels sont les droits dus par l'acquéreur en cas de vente ? Le montant de ces droits peut avoir une incidence sur la négociation du prix.
- Quels sont les droits dus par l'acquéreur en cas de succession ou de donation ? La réponse à cette question peut permettre d'évaluer le coût d'une transmission familiale.
- Quelles sont les impositions dues par le cédant si celui-ci réalise une plus-value ?

Droits de mutation dus par le bénéficiaire de la transmission

Il faut distinguer le régime applicable en cas de vente de celui des mutations à titre gratuit (donations ou successions).

Les ventes

Au fil des années, la loi a prévu une baisse du montant de ces impositions, en vue de faciliter les transmissions. Le régime est différent en fonction de l'objet de l'acquisition.

Les acquisitions de fonds de commerce

Les droits de mutation sont perçus en partie par l'État et en partie par les départements et les communes. Le taux barème est le suivant :

Fraction du prix	Droit perçu par l'État	Taxe départementale	Taxe communale	Imposition totale
N'excédant pas 23 000 €	0,00 %	0,00 %	0,00 %	0,00 %
Comprise entre 23 000 € et 107 000 €	2,00 %	0,60 %	0,40 %	3,00 %
Comprise entre 107 000 € et 200 000 €	0,60 %	1,40 %	1,00 %	3,00 %
Supérieure à 200 000 €	2,60 %	1,40 %	1,00 %	5,00 %

Les acquisitions d'immeubles

Le taux de droit commun est de 5,09 %. Il se décompose en un droit départemental de 3,80 %, une taxe additionnelle au profit de la commune de 1,20 % et un prélèvement pour frais d'assiette et de recouvrement au profit de l'État (2,37 % calculés sur le montant du droit départemental).

Un taux réduit de 0,715 % est applicable :

- lorsque le vendeur est soumis à la TVA sur le prix total (et non sur la marge) ;
- lorsque l'acquéreur assujetti à la TVA s'engage à revendre le bien dans un délai de 5 ans.

Les acquisitions de terrains à bâtir réalisées par un assujetti à la TVA sont exonérées du droit de mutation lorsque l'acquéreur prend l'engagement de construire dans un délai de 4 ans (seul un droit fixe de 125 € est dû).

Remarque

Dans une transaction concernant des immeubles, le vendeur doit payer la TVA (s'il entre dans le champ d'application de cet impôt, voir chapitre 6) et l'acquéreur doit acquitter le droit de mutation.

Les acquisitions d'actions et de parts sociales

- Les acquisitions d'actions sont soumises à un droit de 0,1 %. Pour les actions cotées, ce droit n'est exigible que si la cession est constatée par un acte.
- Les acquisitions de parts sociales, autres que les actions (par exemple, les parts de SARL) sont soumises à un droit de 3 %. Mais, pour le calcul de ce droit, il est appliqué sur la valeur de chaque part sociale un abattement égal au rapport entre la somme de 23 000 € et le nombre total de parts sociales de la société (par souci de cohérence avec les cessions de fonds de commerce).

EXEMPLE

Le capital d'une SARL est divisé en 100 parts. Un associé cède 20 parts pour un prix de 50 000 €.

Base de calcul des droits : 50 000 – (23 000 × 20 parts cédées/100 parts de la société) = 45 400 €.

Montant des droits : 45 400 × 3 % = 1 362 €.

- Les acquisitions de parts de sociétés à prépondérance immobilière sont soumises à un droit de 5 %.

Savoir définir les sociétés à prépondérance immobilière

Sont à prépondérance immobilière les personnes morales non cotées françaises ou étrangères, dont l'actif brut total est constitué pour plus de la moitié d'immeubles situés en France. On peut souligner que sont pris en compte pour apprécier la prépondérance immobilière tous les immeubles, y compris ceux affectés à l'exploitation de l'entreprise. En revanche, pour l'application du régime des plus-values, les biens affectés à l'exploitation de l'entreprise ne sont pas retenus pour l'appréciation de la prépondérance immobilière.

En pratique, les sociétés à prépondérance immobilière sont essentiellement les sociétés civiles immobilières.

Les transmissions à titre gratuit : donations et successions

On applique les règles générales des droits de succession et de donation, mais des avantages particuliers sont prévus en faveur des transmissions d'entreprises.

Règles générales d'application des droits de succession

Les droits de succession sont calculés sur la valeur vénale des biens composant l'actif successoral. Les dettes à la charge du défunt sont déduites pour déterminer l'actif successoral imposable. D'importantes exonérations sont prévues par la loi, notamment pour les successions entre époux ou entre partenaires d'un Pacs. Des abattements sont également prévus : en particulier, la part revenant à chaque enfant est réduite d'un abattement de 100 000 €.

Les droits de succession sont calculés en appliquant un barème progressif.

Règles générales d'application des droits de donation

Les règles pour les droits de donation sont très proches de celles prévues pour les droits de succession, même s'il existe quelques différences importantes :

- Des abattements sont prévus pour les donations entre époux (qui ne sont donc pas exonérées) et pour les donations aux enfants, petits-enfants et arrière-petits-enfants.
- Les dettes sont déductibles, mais sous certaines conditions : pour l'essentiel, la dette n'est déductible que si elle a été contractée auprès d'un établissement de crédit.
- Un abattement de 300 000 € est applicable en cas de donation d'entreprise aux salariés.
- Les droits sont calculés à partir d'un barème progressif.
- Les donations de plus de 15 ans peuvent bénéficier de la dispense du rapport fiscal : cela signifie que tous les 15 ans, les donataires peuvent bénéficier à plein de tous les abattements et que pour le calcul on reprend le barème à partir de la tranche la plus basse.
- Il est fréquent que le donateur prenne à sa charge les droits de donation qui incombent normalement au bénéficiaire de la donation.

Cette prise en charge n'est pas considérée comme un supplément de libéralité imposable.

En pratique

Les donations avec réserve d'usufruit

Lorsque la propriété des biens est démembrée (usufruit et nue-propriété), la valeur imposable de l'usufruit et de la nue-propriété des biens est constituée par une quote-part de la valeur de la propriété, variable en fonction de l'âge de l'usufruitier lors de la transmission ou de la durée de l'usufruit s'il est à durée fixe. Cette quote-part est fixée forfaitairement par un barème légal qui s'impose au contribuable.

Les donations avec réserve d'usufruit sont fréquentes. Dans ce cas, le donateur, le plus souvent les parents, se réserve l'usufruit du bien. Le nu-propriétaire est donc fréquemment un enfant. Cette opération présente un double avantage : d'une part, les parents peuvent continuer à percevoir les revenus produits par le bien ; d'autre part, la donation porte sur la seule nue-propriété, ce qui réduit le montant de la base d'imposition.

Par exemple, si le donateur est âgé de 75 ans, la valeur de la nue-propriété est égale à 70 % de la valeur du bien en pleine propriété.

Les avantages particuliers prévus pour les transmissions d'entreprises

On peut citer principalement deux dispositifs.

L'exonération des trois quarts de la valeur de l'entreprise

Sous certaines conditions, un abattement de 75 % est appliqué sur la transmission à titre gratuit de parts de sociétés ou d'entreprises individuelles. Ce dispositif est donc applicable aux successions et aux donations.

L'abattement s'applique aux conditions suivantes (souvent regroupées sous l'appellation pactes Dutreil), selon les modes de transmissions :

- Les transmissions à titre gratuit de parts ou actions de sociétés :
  - Les parts ou actions doivent faire l'objet d'un engagement collectif de conservation d'une durée minimale de 2 ans. Cet engagement doit porter sur au moins 20 % du capital pour les sociétés cotées et 34 % pour les sociétés non cotées. L'engagement est réputé acquis lorsque le défunt (ou le donateur) détient seul ou avec son

conjoint (ou partenaire d'un Pacs) le pourcentage de 20 % ou de 34 %. L'engagement collectif doit être en cours d'application à la date de la transmission ou conclu par les héritiers dans les 6 mois suivant le décès.

> Au moment de la transmission, chacun des héritiers (ou donataires) doit s'engager à conserver les titres transmis pendant une période de 4 ans (qui commence à courir à l'expiration de l'engagement collectif).

> L'un des signataires de l'engagement collectif ou l'un des héritiers (ou donataires) ayant souscrit l'engagement individuel de conservation doit exercer une fonction de direction au sein de la société, pendant la durée de l'engagement collectif (2 ans) et pendant les 3 ans qui suivent la transmission.

- Les transmissions à titre gratuit des entreprises individuelles :
  > L'entreprise doit avoir été détenue pendant au moins 2 ans si le défunt (ou le donateur) l'avait acquise à tire onéreux. Aucune condition de durée de détention n'est prévue en cas d'acquisition à titre gratuit ou de création de l'entreprise.
  > Chacun des héritiers (ou donataires) doit s'engager à conserver pendant 4 ans les biens affectés à l'exploitation de l'entreprise.
  > L'un des héritiers (ou donataires) doit effectivement poursuivre l'exploitation de l'entreprise pendant au moins 3 ans.

Il faut ajouter que les donations en pleine propriété (c'est-à-dire que la propriété ne doit pas être démembrée) qui remplissent les conditions précédentes bénéficient, en sus de l'abattement de 75 %, d'une réduction d'impôt de 50 % (pratiquée sur l'impôt lui-même) si le donateur a moins de 70 ans.

Le fondement de toutes ces mesures est clair : il s'agit de favoriser la pérennité de l'entreprise et sa continuation dans un cadre familial.

En pratique

Le paiement des droits de succession et de donation en cas de transmissions d'entreprises

La loi prévoit l'application d'un dispositif fort intéressant de paiement différé et fractionné. Le paiement des droits peut être différé de 5 ans (pendant cette période, un intérêt annuel est acquitté). À l'expiration de ce délai, le paiement des droits peut être fractionné sur 10 ans (à raison

...

...

de 1/20 tous les 6 mois assorti d'un intérêt). En principe, on retient le taux d'intérêt légal, mais celui-ci est réduit des deux tiers si la part revenant à chaque héritier ou donataire est supérieure à 10 % de l'entreprise ou lorsque plus du tiers du capital social est transmis.

Ce mécanisme a un intérêt pratique qui mérite d'être souligné, en raison du faible niveau actuel du taux d'intérêt légal.

L'imposition des plus-values

La transmission d'entreprise peut prendre deux formes essentielles : la cession des actifs et la cession de titres de sociétés.

Les plus-values réalisées à l'occasion de la cession des actifs d'une entreprise

Le régime des plus-values a été souvent modifié au cours des dernières années ; l'idée générale est de limiter l'imposition des plus-values réalisées lors de la transmission des PME.

Savoir calculer une plus-value

D'une manière générale, la plus-value est égale à la différence entre le prix de cession et la valeur nette du bien, c'est-à-dire son prix de revient diminué des amortissements.

Exemple

Une entreprise cède pour un prix de 10000 € un matériel acheté 4000 € et amorti fiscalement à concurrence de 3500 €. La valeur comptable de ce matériel est de : 4000 – 3500 = 500 €. La cession dégage donc une plus-value imposable égale à : 10000 – 500 = 9500 €.

La loi prévoit de nombreux régimes de faveur pour les plus-values réalisées à l'occasion de la cession d'entreprises, ce qui réduit la portée du régime général, surtout pour les cessions d'entreprises individuelles.

Régime général des plus-values

La distinction entre les plus-values professionnelles et les plus-values des particuliers

Les plus-values professionnelles concernent les éléments appartenant à l'actif immobilisé des entreprises

Le champ d'application de l'imposition est très large : la réalisation d'une plus-value imposable résulte de toute opération ou événement ayant pour effet de faire sortir un élément de l'actif de l'entreprise ou de lui retirer définitivement (totalement ou partiellement) toute valeur. Il peut s'agir d'opérations volontaires (vente, apport en société, échange, partage, donation...) ou d'opérations involontaires (expropriation, destruction par sinistre, cession forcée...).

Le régime des plus-values des particuliers s'applique aux plus-values réalisées dans le cadre de la gestion d'un patrimoine privé

Celles-ci ne sont imposables que si elles sont réalisées à l'occasion de cessions à tire onéreux, le plus souvent à l'occasion de ventes ou d'apports en société.

Les plus-values réalisées par les contribuables soumis à l'impôt sur le revenu et les plus-values réalisées par les sociétés soumises à l'impôt sur les sociétés

Contribuables soumis à l'impôt sur le revenu

La loi distingue les plus-values et moins-values à court terme et les plus et moins-values à long terme. Le régime des plus-values à court terme est applicable :

- aux plus-values provenant de la cession d'immobilisations de toute nature détenues depuis moins de 2 ans ;
- aux plus-values réalisées à l'occasion de la cession d'immobilisations amortissables, détenues depuis plus de 2 ans, à concurrence du montant des amortissements déduits. Au-delà, la plus-value est à long terme.

EXEMPLE

En reprenant les données de l'exemple précédent, la plus-value de 9 500 € se décompose ainsi :

- plus-value à court terme : 3 500 € ;
- plus-value à long terme : 6 000 €.

Le régime des plus-values à long terme est également applicable aux plus-values réalisées à l'occasion de la cession d'éléments non amortissables détenus depuis plus de 2 ans. Par ailleurs, la loi prévoit l'application du régime des plus-values à long terme aux produits de la propriété industrielle (par exemple, les plus-values de cession et les produits de concession de licences d'exploitation de brevets).

Le champ d'application des moins-values à court terme n'est pas symétrique ! Le régime des moins-values à court terme est applicable :

- aux moins-values subies lors de la cession de biens non amortissables détenus depuis moins de 2 ans ;
- aux moins-values subies lors de la cession de biens amortissables, quelle que soit la durée de leur détention.

Les autres moins-values sont des moins-values à long terme (il s'agit des moins-values subies lors de la cession de biens non amortissables détenus depuis plus de 2 ans).

L'entreprise doit compenser les plus-values et moins-values de même nature réalisées ou subies au cours de l'exercice. Quatre situations peuvent se présenter :

- plus-value nette à court terme : elle fait partie des résultats imposables dans les conditions de droit commun (cependant, l'entreprise peut demander un étalement de l'imposition sur 3 ans) ;
- moins-value nette à court terme : elle est déductible du bénéfice d'exploitation ;
- plus-value nette à long terme : elle est imposable au taux de 16 %, plus les prélèvements sociaux de 15,5 %, soit au total, 31,5 % ;
- moins-value nette à long terme : elle est déductible uniquement des plus-values à long terme réalisées au cours des 10 exercices suivants.

Sociétés soumises à l'impôt sur les sociétés

Les plus-values sont imposées au taux de droit commun de l'impôt sur les sociétés (c'est-à-dire 33,33 % ou 15 % pour les PME). Un taux de 15 % s'applique aux plus-values de cession des brevets, licences d'exploitation.

La distinction entre les plus et moins-values à court terme et à long terme ne s'applique pas dans ce cas. La loi prévoit tout de même quelques cas particuliers et notamment celui des produits de la propriété industrielle : ils sont imposables à un taux de 15 % (par exemple, produits nets tirés de la concession de licences d'exploitation, plus-values de cessions de brevets...).

La plupart des régimes de faveur sont réservés aux contribuables imposables à l'impôt sur le revenu (c'est-à-dire les entrepreneurs individuels ou les associés de sociétés de personnes). Un seul d'entre eux a une portée générale et s'applique également aux sociétés soumises à l'impôt sur les sociétés (l'exonération est prévue en fonction du montant du prix de vente, voir ci-dessous).

Les mesures d'exonération ou d'allégement de l'imposition des plus-values réalisées à l'occasion de la transmission d'une entreprise

De nombreux régimes particuliers sont prévus pour les plus-values réalisées à l'occasion de la transmission d'une entreprise. L'idée générale est que les plus-values réalisées lors de la transmission d'une PME bénéficient de nombreuses possibilités d'exonération.

Savoir identifier une PME

Dans le cadre de l'application de ces mesures d'exonération, une entreprise est qualifiée de PME si elle réunit les deux conditions suivantes :

- elle emploie moins de 250 salariés et elle réalise un chiffre d'affaires annuel inférieur à 50 M €, ou bien un total de bilan inférieur à 43 M € ;
- son capital ou ses droits de vote ne sont pas détenus à hauteur de 25 % ou plus par une ou plusieurs entreprises ne remplissant pas les conditions d'effectif ou de chiffre d'affaires (ou de total de bilan) précitées. Pour l'appréciation de ce pourcentage, les parts détenues par l'intermédiaire de certaines structures de capital-risque ne sont pas prises en compte.

La mesure de portée générale : les exonérations ou allégements prévus en fonction de la valeur des éléments transmis

Les conditions d'application

- Ces mesures sont applicables aux transmissions, à titre gratuit ou à titre onéreux, d'une entreprise individuelle, d'une branche complète d'activité ou de l'intégralité des parts d'une société de personnes.
- Dans le cas de cession d'une branche complète d'activité (voir sur cette notion, chapitre 4), les mesures de faveur peuvent s'appliquer si la cession est effectuée par une société soumise à l'impôt sur les sociétés, mais à condition que cette société remplisse les conditions pour être considérée comme une PME.
- Le cédant ne doit pas contrôler, en droit ou en fait, la société cessionnaire.
- L'activité doit avoir été exercée pendant au moins 5 ans.

Les modalités de l'exonération

Le montant de l'exonération dépend de la valeur des éléments transmis.

- L'exonération est totale lorsque la valeur vénale des droits ou parts transmises est inférieure ou égale à 300 000 €.
- L'exonération est partielle lorsque la valeur vénale des droits ou parts transmises est comprise entre 300 000 € et 500 000 €.

Dans ce cas, le montant exonéré des plus-values est déterminé en leur appliquant un taux égal au rapport de la différence entre le montant de 500 000 € et la valeur des éléments transmis (au numérateur) et le montant de 200 000 € (au dénominateur). La valeur prise en compte est celle retenue pour le calcul des droits de mutation.

L'exonération ne concerne pas les plus-values réalisées à l'occasion de la cession des immeubles (voir ci-après, la possibilité d'appliquer un abattement sur ces plus-values).

EXEMPLE

Un commerçant réalise une plus-value de 30 000 € à l'occasion de la vente de son fonds pour une valeur (servant d'assiette aux droits d'enregistrement) de 450 000 €.

Taux d'exonération : (500 000 – 450 000)/ 200 000 = 25 %.
Montant exonéré : 30 000 × 25 % = 7 500 € ; montant imposable : 22 500 €.

Les mesures réservées aux contribuables soumis à l'impôt sur le revenu

Les mesures prévues en fonction des recettes de l'entreprise

L'exonération est subordonnée à deux conditions générales :

- L'activité doit être exercée à titre professionnel, ce qui exclut les activités données en location-gérance.
- L'activité a été exercée pendant au moins 5 ans.

Le champ d'application est très large : l'exonération peut s'appliquer aux plus-values résultant de cessions à titre onéreux, à titre gratuit ou du retrait d'un élément de l'actif de l'entreprise (pour le replacer dans le patrimoine privé). Elle peut s'appliquer aux plus-values réalisées sur la cession des éléments incorporels (fonds de commerce, clientèle) et des immeubles.

L'exonération est totale ou partielle, en fonction du montant des recettes :

- L'exonération est totale lorsque les recettes ne dépassent pas 250 000 € pour les activités industrielles et commerciales ou 90 000 € pour les prestations de services.
- Lorsque les recettes sont comprises entre 250 000 € et 350 000 € (activités industrielles ou commerciales) ou 90 000 € et 126 000 € (prestations de services), les plus-values sont exonérées pour une fraction de leur montant et imposées selon le régime des plus-values professionnelles à court ou à long terme pour l'autre fraction.

La fraction exonérée est obtenue en appliquant au montant de la plus-value réalisée un taux égal au rapport suivant :

- (350 000 € – montant des recettes)/100 000 €, dans les entreprises industrielles et commerciales ;
- (126 000 € – montant des recettes)/36 000 €, chez les prestataires de services.

Le montant des recettes pris en compte s'entend de la moyenne des recettes réalisées au cours des deux années civiles qui précèdent la date de clôture de l'exercice de réalisation des plus-values.

EXEMPLE

> Une entreprise commerciale réalise une plus-value d'un montant de 20 000 €.
>
> Le montant des recettes à retenir est de 330 000 €.
>
> Montant de la plus-value exonérée : 20 000 × (350 000 – 330 000/100 000) = 4 000 €.

Cession à titre onéreux de l'entreprise lors du départ à la retraite

La loi prévoit l'exonération, sous certaines conditions, des plus-values réalisées lors de la cession à titre onéreux d'une PME relevant de l'impôt sur le revenu, pour cause de départ à la retraite de l'exploitant. À noter que l'exonération ne s'applique que si la cession intervient à titre onéreux (essentiellement, une vente). Les conditions d'application de l'exonération sont les suivantes :

- L'activité a été exercée pendant au moins 5 ans ;
- le cédant ne doit pas contrôler l'entreprise cessionnaire ;
- le cédant cesse toute fonction dans l'entreprise et fait valoir ses droits à la retraite dans les deux ans qui suivent ou qui précédent la cession.

L'exonération s'applique à l'ensemble des plus-values, à court terme et à long terme, à l'exception des plus-values réalisées lors de la cession des immeubles affectés à l'exploitation (voir ci-après, la possibilité d'appliquer un abattement sur ces plus-values). L'exonération concerne uniquement l'impôt sur le revenu ; les plus-values demeurent soumises aux prélèvements sociaux (15,5 %).

Plus-values sur les cessions d'immeubles affectés à l'exploitation d'une entreprise individuelle

Cette mesure vient en complément des exonérations prévues en raison de la valeur des biens transmis et en raison du départ à la retraite de l'exploitant. Comme on l'a indiqué précédemment, ces deux dispositifs ne s'appliquent pas aux plus-values immobilières.

La loi prévoit l'application d'un abattement sur le montant de la plus-value à long terme réalisée lors de la cession d'un immeuble affecté à l'exploitation. L'application de cette mesure est réservée aux contribuables imposables à l'impôt sur le revenu. Cet abattement est de 10 % par année de détention au-delà de la 5e année. Les plus-values à long terme sont donc exonérées si la cession intervient plus de 15 ans après l'inscription de l'immeuble à l'actif.

EXEMPLE

Une entreprise individuelle cède le 1er octobre 2013 des constructions acquises le 1er septembre 2003. Le montant total de la plus-value est de 300 000 € et l'entreprise avait déduit des amortissements sur ces constructions pour un montant de 100 000 €. À concurrence de 100 000 €, la plus-value est à court terme. La « fraction long terme » de la plus-value s'élève à 200 000 € (c'est-à-dire la fraction qui dépasse le montant des amortissements déduits). Ces constructions ont toujours figuré à l'actif depuis leur acquisition. Lors de la cession, elles sont détenues depuis dix années révolues (on fait abstraction des fractions d'années).

En conséquence, cinq années ouvrent droit à un abattement de 10 %, soit 50 % au total. La plus-value réalisée n'est donc imposable qu'à hauteur de 100 000 €.

Transmission à titre gratuit d'une entreprise individuelle

Une mutation à titre gratuit peut certes générer l'apparition d'une plus-value professionnelle imposable, mais cette opération ne génère pas de flux financier au profit du cédant, qui pourrait donc éprouver quelques difficultés à acquitter le montant de l'impôt ; d'où l'institution d'un mécanisme de report d'imposition.

L'imposition est reportée jusqu'au moment de la vente de l'entreprise (car le vendeur disposera des liquidités pour payer l'impôt sur la plus-value qui avait été placée en report d'imposition). Cependant, la plus-value en report d'imposition est définitivement exonérée si l'exploitation est poursuivie pendant au moins 5 ans par l'un des bénéficiaires de la transmission (en pratique, la plupart du temps, les transmissions à titre gratuit sont faites au profit des enfants de l'exploitant).

Apport d'une entreprise individuelle en société

En contrepartie de son apport, l'apporteur reçoit des titres de la société. Il ne dispose donc pas de liquidités pour acquitter l'impôt sur la plus-value.

La loi prévoit dans ce cas l'application d'un régime fiscal comparable à celui prévu pour les fusions de sociétés (voir chapitre 6) : report d'imposition pour les plus-values d'apport sur les éléments non amortissables ; les plus-values d'apport sur les éléments amortissables sont réintégrées dans les bénéfices de la société bénéficiaire de l'apport.

Les plus-values réalisées à l'occasion de la cession de titres de sociétés

Le régime est différent selon que le vendeur est une société soumise à l'impôt sur les sociétés ou une personne physique soumise à l'impôt sur le revenu.

Les plus-values réalisées par des sociétés soumises à l'impôt sur les sociétés

Principe : ces plus-values sont imposables dans les conditions de droit commun (au taux de 33,33 % ou de 15 % pour les PME : (voir chapitre 2).

L'exonération des plus-values réalisées à l'occasion des cessions de titres de participation

La loi fiscale définit les titres de participation comme suit :

- les titres de participation revêtant ce caractère sur le plan comptable (c'est-à-dire ceux dont la possession durable est estimée utile à l'activité de l'entreprise, notamment parce qu'elle permet d'exercer une influence sur la société émettrice des titres ou d'en assurer le contrôle) ;
- les actions acquises en exécution d'une offre publique d'achat ou d'échange par l'entreprise qui en est l'initiatrice ;
- et les titres ouvrant droit au régime des sociétés mères (c'est-à-dire si la participation représente plus de 5 % du capital).

Ces titres sont inscrits en comptabilité dans le compte « titres de participation » et l'administration fiscale a indiqué qu'elle ne remettra en cause cette inscription que si l'entreprise commet une erreur manifeste dans l'affectation comptable des titres.

Les plus-values réalisées à l'occasion des cessions de titres de participation sont imposables mais à un taux de 0 %, précise la loi (!). Toutefois une quote-part pour frais et charges égale à 12 % du montant de la plus-value est imposable dans les conditions de droit commun. Par exemple, pour une plus-value de 1 000, une quote-part de 120 est imposable au taux de 33,33 %.

Ce régime est fort important pour les cessions de titres réalisées par les sociétés *holdings*.

Les plus-values réalisées par des personnes physiques

Différents régimes sont distingués en fonction de la nature des titres vendus.

Règles générales : les différents régimes applicables

Plusieurs cas doivent être distingués :

- Les plus-values sur les cessions de parts de sociétés de personnes (non soumises à l'impôt sur les sociétés) sont soumises au régime des plus-values professionnelles. En effet, ces parts sont considérées comme des éléments d'actif dans la mesure où le cédant exerçait son activité professionnelle au sein de la société de personnes.
- Les titres de sociétés non soumises à l'impôt sur les sociétés à prépondérance immobilière sont soumis au régime des plus-values immobilières des particuliers.

Remarque

Sont à prépondérance immobilière les personnes morales non cotées françaises ou étrangères, dont l'actif brut total est constitué pour plus de la moitié d'immeubles ou de droits immobiliers sis en France. Pour l'application du régime des plus-values, les biens affectés à l'exploitation de l'entreprise ne sont pas retenus pour l'appréciation de la prépondérance immobilière.

En pratique, les sociétés à prépondérance immobilière sont essentiellement les sociétés civiles immobilières.

La plus-value est égale à la différence entre le prix de cession et le prix d'acquisition (ou la valeur vénale retenue pour le calcul des droits de mutation lors d'une acquisition à titre gratuit).

Un abattement pour durée de détention des titres est applicable. Il est calculé comme suit :

- 2 % pour chaque année de détention au-delà de la 5e année ;
- 4 % pour chaque année de détention au-delà de la 17e année ;
- 8 % pour chaque année de détention au-delà de la 24e année.

La plus-value est imposable au taux de 19 %, plus les prélèvements sociaux de 15,5 % (soit un total de 34,5 %). Le régime le plus important concerne les cessions de titres de sociétés soumises à l'impôt sur les sociétés.

Les plus-values réalisées à l'occasion de la cession de titres de sociétés soumises à l'impôt sur les sociétés

Comme pour l'ensemble du régime des plus-values, la loi prévoit des règles générales, puis une série de cas particuliers plus favorables.

Règles générales

Comme il vient d'être dit, la plus-value est égale à la différence entre le prix de cession et le prix d'acquisition (ou la valeur vénale retenue pour le calcul des droits de mutation lors d'une acquisition à titre gratuit).

Le montant de la plus-value est diminué d'un abattement déterminé en fonction de la durée de détention des titres : 20 % entre deux ans et quatre ans de détention ; 30 % entre quatre ans et six ans et 40 % au-delà.

À compter du 1er janvier 2013, l'impôt sur ces plus-values est calculé en application du barème progressif de l'impôt sur le revenu. Cependant, la plus-value est imposable au taux de 19 % (plus les prélèvements sociaux) et non selon le barème progressif si les conditions suivantes sont remplies :

- Les titres de la société doivent avoir été détenus par le cédant ou sa famille de manière continue au cours des cinq années qui précèdent la cession.
- Ces titres doivent avoir représenté, de manière continue pendant au moins deux ans au cours des dix années précédant la cession, au moins 10 % des droits de vote ou des droits dans les bénéfices sociaux et ils doivent représenter au moins 2 % des droits de vote ou des droits dans les bénéfices sociaux de la société à la date de la cession.

Par ailleurs, le contribuable devrait avoir exercé au sein de la société, de manière continue au cours des cinq années précédant la cession, une des fonctions de direction ouvrant droit à l'exonération des biens professionnels en matière d'ISF ou avoir exercé une activité salariée au sein de cette société.

À noter que les plus-values réalisées en 2012 sont imposables au taux forfaitaire de 24 % (plus les prélèvements sociaux de 15,5 %).

Le report et l'exonération sous condition de remploi

Ce dispositif peut être décomposé en trois étapes :

- Le contribuable remplissant certaines conditions peut demander le report d'imposition de la plus-value qu'il a réalisée. La condition essentielle est qu'il doit avoir détenu pendant 8 ans au moins 10 % du capital de la société dont il cède les titres (ce qui exclut du bénéfice du report les actionnaires des très grosses sociétés, car il est difficile de posséder 10 % de leur capital).
- Le vendeur doit réinvestir au moins 50 % du montant net de la plus-value dans la souscription en numéraire au capital initial ou dans l'augmentation de capital en numéraire d'une ou plusieurs sociétés.
- La plus-value est définitivement exonérée lorsque le contribuable conserve pendant 5 ans les titres qu'il avait reçus en contrepartie de sa souscription au capital de la société. Mais l'exonération ne s'applique qu'à la fraction de la plus-value effectivement réinvestie.

En pratique, la loi vise la situation suivante : une personne vend les titres qu'elle possédait dans une société, mais elle désire rebondir dans une autre activité. Il est opportun d'encourager de telles opérations car elles sont susceptibles de contribuer à la création de richesses pour l'économie.

Remarque : Le report d'imposition (et le cas échéant l'exonération) ne s'applique pas aux prélèvements sociaux.

L'abattement pour durée de détention réservé aux dirigeants de PME qui prennent leur retraite

Sous certaines conditions, le montant de la plus-value est diminué d'un abattement d'un tiers par année de détention des titres au-delà de la 5e année. Sont donc totalement exonérées les plus-values réalisées à l'occasion de la cession de titres détenus depuis plus de 8 ans. Les conditions essentielles sont les suivantes :

- Pendant les 5 années précédant la cession des titres, le cédant doit avoir été dirigeant de la société et il doit avoir détenu au moins 25 % du capital (avec le cas échéant son groupe familial).
- Le cédant doit faire valoir ses droits à la retraite dans les 2 années suivant ou précédant la cession.

- S'il cède ses titres à une société, le cédant ne doit pas détenir des droits dans le capital de la société cessionnaire.
- La cession doit porter sur l'intégralité des titres détenus par le cédant dans la société (ou sur au moins 50 % des droits dans le capital, dans le cas où il possède plus de 50 % du capital de la société).

Ce régime s'appliquera jusqu'en 2017.

EXEMPLE

> Des titres acquis le 15 mai 2003 sont cédés le 1er juillet 2012 par une personne remplissant les conditions indiquées ci-dessus.
>
> Pour l'application de l'abattement du tiers, le point de départ est le 1er janvier de l'année d'acquisition – le 1er janvier 2003 – et le point d'arrivée est la date de la cession, le 1er juillet 2012.
>
> La durée de détention excède donc 8 ans et la plus-value est exonérée.

Remarque : L'abattement est applicable uniquement pour le calcul de l'impôt sur le revenu. Les prélèvements sociaux ne bénéficient donc pas de cet abattement.

Ce dispositif doit être rapproché de celui prévu en cas de cession d'une entreprise individuelle. La loi s'efforce d'exonérer de l'imposition les plus-values réalisées par les dirigeants de PME qui prennent leur retraite. Par souci de neutralité, ces dirigeants pourront bénéficier de l'exonération, quelle que soit la forme juridique de leur entreprise (entreprise individuelle ou société soumise à l'impôt sur les sociétés).

Exonération des plus-values réalisées à l'occasion de cessions au sein du groupe familial

Les principales conditions d'application de cette exonération sont les suivantes :

- Le cédant, son conjoint, leurs ascendants et leurs descendants, ainsi que leurs frères et sœurs, doivent avoir détenu ensemble, directement ou indirectement, plus de 25 % des droits dans les bénéfices sociaux à un moment quelconque au cours des 5 années précédant la cession.
- La cession de ces droits doit être consentie, pendant la durée de la société, au profit de l'un des membres du groupe familial défini ci-dessus (quel que soit le pourcentage de titres cédés).

- L'acquéreur ne doit pas revendre tout ou partie des droits à un tiers dans un délai de 5 ans.

Ce dispositif a pour but de favoriser la pérennité de la société grâce au maintien du contrôle familial.

Remarque : Les plus-values exonérées demeurent soumises aux prélèvements sociaux.

Faites le point

- Les transmissions d'entreprises donnent lieu à deux séries d'imposition : les droits de mutation à la charge de l'acquéreur et l'imposition de la plus-value réalisée par le vendeur.
- Le montant des droits de mutation diffère selon l'objet de la vente, des fonds de commerce ou des parts de sociétés. La loi fiscale s'efforce de rapprocher les régimes de ces deux catégories de ventes.
- Le régime des plus-values dépend également de la nature des biens cédés : des actifs ou des parts de sociétés.
- De nombreux régimes de faveur sont prévus pour l'imposition des plus-values, notamment dans le but de favoriser les transmissions d'entreprises en cas de départ en retraite de l'exploitant.

Se tester

		vrai	faux
1	■ Les cessions d'actions non cotées donnent lieu à l'application d'un droit de mutation de 0,1 %.	■	■
2	■ Les cessions de parts de SARL donnent lieu au droit de mutation de 0,1 %.	■	■
3	■ La plus-value de cession d'un bien est d'autant plus élevée que le bien a fait l'objet d'amortissements importants.	■	■
4	■ Une plus-value de nature professionnelle n'est pas imposable en cas de mutation à titre gratuit.	■	■
5	■ L'exonération des plus-values prévues en fonction de la valeur du bien n'est pas applicable si le vendeur est une société soumise à l'impôt sur les sociétés.	■	■
6	■ En cas de départ à la retraite, l'exonération de la plus-value ne concerne pas la plus-value sur la cession des immeubles affectés à l'expiration.	■	■
7	■ Le dirigeant d'une PME soumise à l'impôt sur les sociétés peut bénéficier d'une exonération sur la plus-value de cession de ses titres, en cas de départ à la retraite.	■	■
8	■ Les plus-values de cessions de titres réalisées au sein d'un groupe familial peuvent être exonérées.	■	■

(Réponses p. 196)

À VOUS DE JOUER

Monsieur André va prendre sa retraite. Il souhaite vendre son entreprise individuelle dans laquelle il exerçait une activité industrielle depuis plus de 5 ans (on suppose qu'il remplit les conditions d'exonération des plus-values prévues en cas de départ à la retraite). Naturellement, il souhaite réduire le montant de l'imposition des plus-values et il vous demande de lui proposer les solutions légales les plus favorables.

Nos conseils

En premier lieu, il s'agit d'identifier les différentes catégories de plus-values réalisées par M. André.

Les plus et moins-values réalisées à l'occasion de cette cession se décomposent comme suit :

> Constructions (immeuble depuis 10 années révolues) :
  > Prix d'acquisition : 1,5 M €.
  > Amortissement (au taux de 5 %), soit une annuité de 75 000 € et sur 10 annuités, 750 000 €.
  > Prix de vente : 2 M €.

> Matériel industriel :
  > Prix d'acquisition : 150 000 €, amortissement au taux de 10 %, soit une annuité de 15 000 €. Il est détenu depuis 4 ans révolus, d'où un total d'amortissements de 60 000 €.

Le montant des recettes annuelles (moyenne des deux exercices de douze mois précédant l'exercice de cession) réalisées par l'entreprise s'élève à 280 000 €.

Ensuite, les différents dispositifs prévus par la loi sont appliqués en combinant trois dispositifs :

> l'abattement sur les plus-values à long terme constatées à l'occasion de la cession de l'immeuble affecté à l'exploitation ;

> l'exonération prévue en cas de départ à la retraite ;

> l'exonération prévue en raison du montant des recettes.

Abattement sur la plus-value de cession des constructions

> Valeur nette comptable : 750 000 € (1 500 000 – 750 000).

> Prix de cession : 2 M €.

- Plus-value : 2 000 000 – 750 000 = 1 250 000 €
  - plus-value à coût terme : 750 000 €
  - plus-value à long terme : 500 000 €

S'agissant des constructions détenues depuis 10 années révolues, la plus-value à long terme fait l'objet d'un abattement de 50 %, soit 250 000 €.

Demeurent donc imposables :

- plus-value à court terme : 750 000 € ;
- plus-value à long terme : 250 000 €.

Plus-value sur la cession du matériel industriel

- Matériel industriel :
  - Valeur nette comptable : 150 000 – 60 000 = 90 000 €.
  - Prix de vente : 100 000 €.
  - Plus-value : 100 000 – 90 000 = 10 000 €.
  - plus-value à court terme : 10 000 € (car inférieure au total des amortissements pratiqués) ;
  - plus-value à long terme : 0.

La plus-value constatée sur la vente du matériel industriel est exonérée en application du dispositif prévu en cas de départ à la retraite (mais elle sera soumise aux prélèvements sociaux).

Application du dispositif d'exonération en fonction du montant des recettes

La plus-value nette qui reste imposable peut bénéficier d'une exonération partielle compte tenu du niveau de recettes de l'entreprise (recettes comprises entre 250 000 € et 350 000 €).

Calcul du taux d'exonération : (350 000 – 280 000/100 000) = 70 %.

On applique ce taux aux plus-values immobilières qui demeurent imposables :

- Plus-value à court terme exonérée : 750 000 x 70 % = 525 000 €.
- D'où la plus-value à court terme imposable : 750 000 – 525 000 = 225 000 €.
- Plus-value à long terme exonérée : 250 000 x 70 % = 175 000 €.
- Plus-value à long terme imposable : 250 000 – 175 000 = 75 000 €.

Seront donc imposables à l'impôt sur le revenu et aux prélèvements sociaux :

> plus-value à court terme : 225 000 € (considérée comme un revenu d'activité pour le calcul des prélèvements sociaux) ;

> plus-value à long terme : 75 000 € (considérée comme un revenu du patrimoine pour le calcul des prélèvements sociaux).

réponses

1 ▪ Vrai

Pour les actions cotées, ce droit n'est exigible que si la cession est constatée par un acte.

2 ▪ Faux

Les cessions de parts de SARL sont soumises à un droit de mutation de 3 % (avec application d'un abattement de 23 000 €).

3 ▪ Vrai

Le montant de la plus-value est en effet égal à la différence entre le prix de cession et la valeur comptable, celle-ci étant elle-même calculée en déduisant les amortissements du montant du prix d'acquisition.

4 ▪ Faux

La plus-value professionnelle est imposable dans tous les cas où elle apparaît à l'occasion d'une opération qui a pour conséquence la disparition du bien de l'actif de l'entreprise. C'est une différence importante avec le régime des plus-values des particuliers.

5 ▪ Faux

L'exonération est applicable à condition que la société soit une PME.

6 ▪ Vrai

Mais sous certaines conditions, les plus-values réalisées à l'occasion de la cession des immeubles affectés à l'exploitation peuvent bénéficier d'un abattement.

7 ▪ Vrai

Sous certaines conditions, la plus-value est exonérée si le dirigeant de la PME a détenu ses titres pendant au moins 8 ans.

8 ▪ Vrai

Les conditions essentielles sont que le groupe familial ait détenu au moins 25 % du capital à un moment quelconque au cours des 5 années précédant la cession et que les titres ne soient pas revendus hors du groupe familial pendant au moins 5 ans.

Index

conception
réalisation
mise en page
pca

44405 Rezé cedex

58919 – (I) – (1.5) – OSB 90° – PCA – AMX

Dépôt légal : mai 2013
Achevé d'imprimer par Dupli-Print
N° d'impression : 228625
www.dupli-print.fr

Imprimé en France